추천의 글

지금 막 부동산투자에 관심을 가지기 시작해 제대로 공부를 해보려는 이들에게서 종종 투자 입문서로서 반드시 읽어야 할 책을 추천해달라는 요청을 받는다. 이 책이 바로 그런 책이 아닐까 싶다. 저자는 '절대 망하지 않고 경제적 자유를 얻겠다!'라고 결심한 후 3년이라는 비교적 짧은 시간 동안 지독하게 공부하고 치열하게 투자를 실행하여 꿈만 같은 목표를 이뤄냈다. 그리고 그 시간 동안 자신이 투자했던 내역을 기록하여 실제 투자금으로 얼마가 들었는지, 매입한 부동산의 매매가와 전세가 상승으로 어느 정도의 수익을 얻었는지를 낱낱이 공개했다! 아무것도 시도하지 않으면서 세상만 덧하던 이들에겐 가슴 뜨끔한 이야기가 될 것이나. 반면 지금보다 나은 미래를 위해 여러 방법을 모색하고 있던 이들에겐 새로운 희망을 안겨 주리라 믿는다. 돈 걱정 없는 노후를 위해서든, 고용 불안에 시달리는 월급쟁이 삶에서 탈출하기 위해서든 부동산이 좋은 열매를 가져다주는 나무라는 것만은 분명하다.

너바나 《나는 부동산과 맞벌이한다》의 저자

'뉴망'이라는 닉네임의 저자를 어떻게 처음 만났는지는 기억이 가물거린다. 그러나 여러 사람들 중에서 눈에 띄었던 기억이 난다. 금융위기가 한참이던 2008년 말경에 이미 20여 채 이상의 부동산을 보유하고 있던 저자는 '부동산 가치투자'를 지향하며 정직한 투자를 하고 있음에 대단한 자부심을 가진 투자자였고, 그것이 오롯한 사실이었기에 부러운 시선으로 바라봤던 기억이 있다. 2009년 처음 이 책을 읽었을 때의 가슴 떨리는 충격을 잊을 수가 없다. 금융위기의 여파가 부동산 시장을 뒤덮고 사람들이 공포심에 떨고 있을 때, 저자는 투자의 본질에 관해 강한 어조로 풀어냈고, 이 책은 기존의 투자 방식을 재정립하여 실패하지 않을 부동산투자 방식의 지침을 알려준 나침반과 같은 책이었다. 그로부터 약 7년여의 시간을 뛰어넘어, 되풀이되는 위기와 저금리 속에서도 이 책은 다시 한 번 독자들에게 여전히 집을 이용하여 안전한 투자를 하라고 외치고 있다. 책이 다시 나올 수 있었던 것은 그만큼 이 책의 가치가 높고 지금 시기에 딱 어울리기 때문일 것이다.

호빵 《부동산경매시장의 마법사들》 중 1인

2009년 출간된 《노후를 위해 집을 저축하라》는 부동산투자 관심층들에게 단순한 로망이 아니라, 현실적인 동기를 주었던 좋은 책이었다. 20년에 20채라는 구체적인 목표를 제시한 저자의 방법대로 하여 실제 성공한 사례들을 주변에서 많이 찾아볼 수 있었다. 2016년판 《노후를 위해 집을 이용하라》는 7년 전 방법보다 더 쉽고 실현 가능한 방법을 추천한다. 굳이 20채가 아니어도 상관없다고 한다. 내 생각도 같다. 단순히 양적인 성과를 과시하는 책들은 부동산투자에는 전혀 도움이 되지 않는다. 무작정

집의 채수만을 늘리는 묻지 마 투자나 단기적인 시세차익만 노리는 리스크 높은 투자 역시 경계해야 한다. 다양한 시행착오를 경험한 선배의 진심어린 조언이 담긴 이 책을, 가장 안전하고 현명한 부동산투자 방법을 찾는 이들에게 추천한다. 지금 바로 활용하길!

빠숑 《흔들리지 마라, 집 살 기회 온다》의 저자

잠든 아이 곁에서 《노후를 위해 집을 저축하라》를 숨죽여 읽으며 감탄하던 때가 엊그제 같다. 백원기 작가가 강조하던 투자 원칙을 늘 가슴에 새기고 꾸준히 안정적인 성과를 내고 있는 한 사람으로서 개정판이 나온다는 사실이 진심으로 반갑다. 중고 책 가격이 10만 원 이상 치솟으며 아파트투자의 바이블로 불리던 책을 많은 이들과 마음껏 나눌 수 있게 된 것도 큰 기쁨이다. 개정판에서는 현재 시점의 경제 상황에 맞춰 몇 가지 수정된 저자의 투자 원칙을 엿볼 수 있다. 독자들이 성공적으로 투자해 나가길 바라는 마음 하나로, 본인의 투자 사례와 잘못했던 점까지 낱낱이 공개하는 저자가 세상에 몇이나 될까? 선한 사람들이 부자가 되어 이 세상의 물질이 부도덕한 곳이 아닌 더 나은 세상을 만드는 곳으로 흘러들어가길 바란다는 저자의 말에 가슴이 뜨거워진다. 2016년, 이 책이 세상을 더 아름답게 만드는 귀한 축복의 통로가 되리라 믿는다.

복부인 《돈이 모이는 생활의 법칙》의 공동 저자

얼마 전 《노후를 위해 집을 저축하라》 개정판이 나온다는 소식을 듣고 누구보다 기뻤다. 중고 책도 구하기 어려운 상황에서 사본까지 돌아다녔

던 책이기 때문이다. 우연한 기회에 이 책을 읽게 된 후 삶에 기분 좋은 변화들이 많이 일어났다. 개정판은 단순히 표지만 바뀐 게 아니라 현 시점에 맞는 새로운 투자 방향을 제시한다. 부동산투자계의 '고전'이 되지 않을까 싶다. 부동산투자에 있어 반드시 명심해야 할 투자 원칙과 기본이 담긴 책의 가치는 돈으로 환산하기 어려울 정도다. 이 밖에도 투자의 영역을 넘어서 인생에서 큰 그림을 그릴 수 있도록 돕는 것은 물론, 행복한 삶을 영위하는 데 도움이 되는 지표를 제공한다. 많은 사람들이 이 책을 통해 더 나은 삶을 살아갈 수 있길 바란다. 노후를 위해 그리고 내일의 나와 가족을 위해 집을 이용해보자. For your brilliant life!

타이거준 부동산투자 블로거

지금은 많이 알려진 소액 부동산투자를, 7년 전에 언급한 책이다. 보통의 재테크 서적은 유효 기간이 있어 시간이 지남에 따라 인기가 줄어드는데, 이 책은 절판 이후에 오히려 그 가치를 더해갔다. 저자의 전망이 현실이 되었기 때문이다. 책 스스로가 고전임을 증명한 셈이다. 무엇보다이 책의 차별성은 6장 '투자자의 삶'에서 드러난다. 저자는 투자자로서의 정직한 삶, 만족과 절제를 권유하며 '나눔'을 이야기한다. 성공의 가장 큰 비밀은 바로 '주는 일'에 있기 때문이다. 이번 개정판에서는 또 다른 투자의 대안을 제시한다. 예전의 키워드가 '저축'이었다면, 이제는 '이용'이다. 단언컨대, 몇 년의 시간이 지난 후 다시 이 책을 읽는다 해도 이 책의 새로운 가치를 깨닫게 될 것이다.

서인 월급쟁이 투자자

노후를
위해
집을
이용하라

대출 없이 2년에 1채씩, 현실적인 부동산투자법

노후를 위해 집을 이용하라

《노후를 위해
집을 저축하라》
전면 개정판

백원기 지음

알키

개정판을
내며
___

　7년 전 6월,《노후를 위해 집을 저축하라》라는 제목으로 책을 출간
했습니다. 무명 작가의 첫 책인 데다 특별한 홍보가 있었던 것도 아닌
데, 입소문만으로 책이 알려지면서 그동안 과분한 사랑을 받았습니
다. 절판된 책은 중고 시장에서 정가의 10배가 넘는 가격에 거래가 되
기도 했습니다. 여기저기서 이 책을 구하는 사람들의 이야기도 들렸습
니다. 결국 불법적으로 책의 사본까지 나돌기 시작하자, 예전에 저의
책을 담당했던 편집자로부터 재출간 의뢰를 받게 되었습니다. 심사숙
고 끝에 이 책을 처음 썼던 8년 전 초심으로 돌아가 원고를 다듬고 변
경된 부분은 보충해서 추가 수정하기로 했습니다.

　그렇게 새롭게 출간하게 된 책의 제목은《노후를 위해 집을 이용하
라》로 바꿨습니다. 그간 부동산 시장에 많은 변화가 있었습니다. 2009

년에 비해 저금리가 훨씬 심화되었고 전세자금 대출로 전세가가 폭등 했습니다. 사실 7년 전만 해도 전세자금 대출이 이렇게 보편화되진 않 았는데 2015년 말 현재, 전세자금을 마련하기 위해 대출을 받는 일은 흔한 일이 되었습니다. 또한 저금리로 인해 집을 가진 사람이 전세보 다 월세를 선호하게 됨에 따라 월세도 보편화되었습니다.

이러한 작은 변화가 어떤 또 다른 변화를 가져왔을까요? 전세 주택 이 회소해짐에 따라 수요는 느는데 공급이 줄어들어 전세가가 비징상 적으로 높아졌습니다. 그래서 저는 지금 주택의 전세가가 지나치게 고 평가되었다고 생각합니다.

2015년 말 현재, 동탄 1신도시 33평 아파트의 경우 매매가는 3억 6,000만 원, 전세가는 3억 1,000만 원까지 형성됩니다. 전세가를 매매 가로 나누어 100을 곱하면 전세가율이 나오는데, 이와 같이 계산하면 동탄 1신도시의 33평 아파트 전세가율은 대략 86%(3억 1,000만 원/3억 6,000만 원×100%)입니다. 이미 동탄 2신도시에 많은 물량이 공급되어 입주가 시작되고 있는 상황인데도 이렇게 높은 겁니다.

이런저런 상황에서 내 집 마련을 포기하는 사람이 늘었고, 도시형 생활주택의 증가로 오피스텔 가격은 떨어졌으며, 영종도를 비롯한 지 역에서 분양 시 약속한 주변 시설 건립 계획이 무산되면서 분양받은 사람들이 피해를 보는 일도 생겼습니다. 세종 신도시의 물량 폭탄으로 대전의 주택 매매 및 전세가도 하락했고요.

지난 7년을 돌아보는 지금, 《노후를 위해 집을 저축하라》에서 예측했던 것들 중 대부분은 맞았습니다. 예상한 대로 핵가족화로 소형 주택의 인기가 크게 올라갔습니다. 관리비 부담이 큰 주상복합 아파트와 대형 아파트는 가격 하락폭이 컸으며 중형 아파트 가격의 하락폭은 작았습니다. 반면 소형 아파트의 가격은 오히려 많이 올랐습니다.

　다만 예전 책에서 주장했던 저의 생각 중 몇 가지는 바뀌었습니다. 하나는, '전세가 상승'만을 투자 원칙으로 삼는 것은 잘못된 생각이라는 겁니다. 앞으로 세계 경제와 한국 경제엔 많은 불안요소들이 있습니다. 전세자금 대출과 금리 인하가 맞물려 전세가가 비정상적으로 높은 데다 매물이 줄었음에도 찾는 사람은 많아졌기 때문입니다.

　저의 투자 원칙 중 하나는 안전성입니다. 만에 하나 전세가가 급락하는 일이 생기게 되면 그 리스크는 투자자가 고스란히 떠안게 됩니다. 2015년 말 현재 사람들이 전세를 선호하고 전세가가 높은 이유는 무엇일까요? 월세보다 은행의 전세자금 대출이자가 훨씬 싸기 때문입니다. 그런데 만일 2008년 리먼 사태나 혹은 그보다 더 심한 세계적인 금융위기가 오게 된다면, 전세자금 대출이자가 월세에 준하게 오르면서 전세가가 일시에 떨어질 가능성도 있습니다. 지금의 경기불황은 한국만의 문제가 아니라 전 세계적인 문제이기 때문입니다. 따라서 이러한 리스크에 미리 대비해야 합니다.

　또 하나, 당시 많은 주택을 보유해야 한다고 믿었던 생각도 바뀌었습니다. 20년간 20채까지 마련하는 '2020투자법'을 이야기했으나 5채만 있어도 좋고, 10채 정도면 충분하다고 생각합니다. 물론 1채만 가져도 활용 방법이 있습니다(그 방법은 책 뒷부분에서 다루겠습니다).

주식이나 부동산투자 등의 재테크 방법을 소개한 책들은 2008년 가장 많이 출간되었습니다. 2007년과 2008년에는 어디를 가든 재테크 이야기가 나왔고, 어떠한 방식으로든 10억 원을 벌었다는 말을 어렵지 않게 들을 수 있던 시절이었습니다. 그러나 그 후 차츰 재테크 분야 도서들의 출간 부수와 판매량이 줄어들기 시작했고, 오랫동안 잠잠하다가 부동산투자 시장은 2015년에 약간 상승하기 시작한 것 같습니다.

이유가 무엇일까요? 저성장 저금리 장기불황의 시대에, 일반인들이 근로 외의 방식으로 현금흐름을 만들 수 있는 유일한 비결이 부동산투자이기 때문입니다. 저금리로 인해 월세와 현금흐름이 가능한 부동산의 가치는 앞으로도 더욱 높아질 수밖에 없습니다.

저는 주식에서는 배당주를 가장 좋아합니다. 배당주 중에서도 의결권도 의미 없는 우선주를 가장 좋아합니다. 하지만 우리나라에서는 대표이사가 주식을 적게 가진 경우가 많아서인지 주가에 비해 배당금이 그리 많지 않습니다. 금리보다 2배의 배당금이 나오는 주식은 찾기가 어렵습니다. 도서나 음반과 같은 저작물을 통해 전문가가 아닌 일반 사람들이 소득을 얻는 것도 쉽지 않습니다. 특허나 저작료로 수익을 얻는다는 것은 일반인에게 더욱 어렵지요.

이러한 이유로 저는 경제적 문제를 해결하기 위해서 일반인들이 가장 쉽게 접근할 수 있고 기댈 수 있는 것이 연금 그리고 월세가 나오는 부동산이 아닐까 생각합니다. 다만 연금은 노후를 위한 좋은 대비책이긴 하지만 저금리와 물가상승으로 인해 2, 30년 후에는 실질 가치가 하락할 수 있다는 위험이 있습니다. 따라서 연금과 더불어 부동산투자를 활용하면 좀 더 안정적인 노후를 준비할 수 있다고 봅니다.

제가 새롭게 제안하는 대안은 이것입니다. '많은 주택을 소유하기보다 몇 채의 주택을 소유함으로써 대출 부담을 줄이고, 전세 주택도 가급적 반전세나 월세 방식으로 전환하라.' 이것이 더욱 안전하고 현명한 방법이라고 생각합니다.

2016년 2월
뉴망 백원기

2003년 말, 경제적으로 대단히 어려운 시기를 맞았습니다. 앞이 보이지 않는 캄캄한 상황에서 저는 끝도 없이 방황하고 있었습니다. 어느 날, 라디오에서 어느 목사님으로부터 '고난은 축복이다'라는 설교를 들었습니다. 이렇게 힘든데 이것이 축복이라니, 아무런 희망도 보이지 않는 지금이 어떻게 축복이 될 수 있을까? 그 뜻을 제대로 이해하기까지 상당한 시간이 걸렸습니다. 그리고 현재의 상황에서도 감사한 일들을 떠올리면서 마음에 변화가 일어나기 시작했습니다. 인생에서 실패는 일어날 수밖에 없으며, 이는 성공을 향해가는 과정이라는 생각을 하게 되었습니다. 그러니 실패했다고 낙심하고 남을 원망하면서 문제를 피할 것이 아니라, 이를 감사히 받아들인 후 극복해나갈 때 새로운 길을 발견하고 예전보다 더 강하고 지혜롭게 변할 수 있다고 믿게 되었습니다.

어려웠던 사업을 모두 정리하고 지방에서 다시 취업을 했습니다. 저는 가족을 서울에 남겨둔 채 3년이 넘는 시간 동안 주말부부로 생활했습니다. 처음엔 몸과 마음이 힘들어 절망스러운 생각을 하지 않기 위해 책을 읽기로 했습니다. 저녁시간마다 책을 읽었는데 시간이 지나면서 책이 위로가 되기 시작했습니다. 긍정적이고 희망적인 글을 읽으며 부정적인 마음이 차츰 변화되었으나, 경제적인 난관을 어떻게 극복해야 할지에 대해서는 구체적인 방법을 찾을 수 없었습니다. 그때 내 머릿속에 삶의 목표가 새롭게 자리 잡았습니다. '절대로 망하지 않고 반드시 경제적 자유를 얻겠다!'

사업은 아무리 열심히 해도 리스크가 있습니다. 그래서 사업가가 아닌 자산가가 되기로 결심했습니다. 그 후 여러 투자서를 읽으며 부동산투자라는 구체적인 길을 정했습니다. 저는 이와 관련된 강의, 세미나, 저자 강연회에 참석했고, 각종 사이트와 카페의 온라인 모임에 참여했으며, 닥치는 대로 책을 구입해 읽으면서 어마어마한 양의 정보를 수집했습니다. 2004년부터 2006년까지 3년간 투자에 대해서만 생각하고 공부했던 것 같습니다.

그리고 본격적으로 2007년 2월부터 수많은 부동산을 찾아 실전매매를 시작했습니다. 부동산 가격이 하락하던 시기였음에도 불구하고 2009년 2월까지 투자한 결과, 투자금 대비 2배의 수익을 올렸습니다.

이 책엔 그 2년간 20여 개의 부동산을 일반 매매와 경매를 통하여 매입하면서 겪었던 사례와 노하우를 담았습니다. 또 개정판을 내면서 2007년부터 2015년까지의 가격 변화와 그 이후의 이야기도 추가로 기록했습니다.

저는 지금 절대로 망하지 않고 반드시 경제적 자유를 얻는 방법을 찾았다고 확신합니다. 결국 2003년의 경제적 고난을 통해 투자의 본질을 이해하게 되었습니다. 쉽고, 누구나 할 수 있고, 반드시 성공하는 방법을 말입니다. 이 방법을 통해 독자들도 안정된 노후에 대한 해답을 얻을 수 있으리라 믿습니다.

핵심은 임대수요가 많은 지역의 소형 주거용 부동산을 꾸준히 매입하는 것입니다. 팔지도 않고 대출도 받지 않습니다. 꾸준히 20년 이상 이를 지속합니다. 이 방법으로 연간 수천만 원(물가상승률을 감안하지 않은 현재의 가치로)의 수입을 얻게 될 것입니다.

저는 이 책에서 누구나 투자에 성공할 수 있는 쉬운 방법을 제시하고자 합니다. 특히 다른 투자처와 비교할 때 왜 주거용 소형 임대 부동산에 집중해야 하는지 밝히겠습니다. 어떻게 투자해야 리스크를 최소로 줄일 수 있는지, 가장 적은 돈을 들여서 투자할 수 있는 방법은 무엇인지, 투자 물건은 어떻게 발굴해야 하는지, 수익률을 극대화하는 방법은 무엇인지 등을 담았습니다. 또한 우리나라 전세 제도와 임대사업자 제도에 대해서도 분석했습니다.

실전 투자 사례를 바탕으로 2007~2008년까지 투자했던 20여 개의 부동산을 분석해 잘한 점과 잘못한 점 등을 정리했고, 그 후 8년간의 변화도 기록했습니다. 12년이라는 시간과 수억 원의 자금을 투자함으로써 얻은 저의 지식과 경험이 담긴 이 책을 통해, 그간 부동산에 대해 오해하고 있던 부분과 이해가 부족했던 부분이 해소되길 바랍니다.

부동산 관련 기사와 언론보도에서 10억, 20억 원처럼 현실감 없는 금액을 쉽게 운운하다 보니 서민들은 아예 부동산에 관심을 갖지 않는 것 같습니다. 저는 이 책을 통해 적은 돈으로도 얼마든지 투자할 수 있는 부동산이 있다는 것을 알려드리고 싶습니다.

경제적인 성공을 포기한 사람들이 희망을 갖기를 원합니다. 올바른 투자관을 가지고 경제 공부를 시작하길 바랍니다. 시세차익을 노리는 투기가 아닌 장기적인 임대사업자가 되길 바랍니다. 아무쪼록 냉혹한 투자의 세계에서 반드시 성공하여 꿈을 잃지 않길 바라며, 이로써 이웃과 나눔을 실천하길 바랍니다. 선한 사람들이 부자가 되어 이 세상의 물질이 부도덕한 곳이 아닌 더 나은 세상을 만드는 곳으로 흘러들어 가길 바랍니다.

끝으로 사랑하는 아내와 보배로운 아들, 항상 믿어주시고 무한한 사랑을 주시는 부모님께 감사드립니다.

PART
01

투자 필수 사회

PART
02

노후를 위한 최고의 투자처

PART 03

부동산투자의 정석

PART 04

부동산투자 기록

PART 05

부동산투자 실전

PART 06

투자자의 삶

투자 필수 사회

현재는 물론 앞으로의 시장에서도 이길 수 있고,
경기의 좋고 나쁨에도 흔들리지 않는 구조를 갖춰야 합니다.

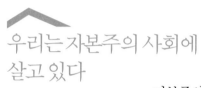

우리는 자본주의 사회에 살고 있다

자본주의는 인간이 만든 제도입니다. 그래서 완벽하지 않습니다. 자본주의가 나쁘다는 말이 아닙니다. 다만 그 속성을 제대로 이해해야만 경제적으로 자유로운 삶을 살 수 있기에 한 번 짚고 넘어가야 한다는 것입니다.

자본주의는 인간 심리와 매우 긴밀하게 연결되어 있습니다. 이러한 이유로 물질의 가격과 가치가 계속 달라지는 것이지요. 우리의 상식을 뛰어넘어 비정상적으로 폭등하기도 하고, 도무지 납득할 수 없을 만큼 비정상적으로 폭락하기도 합니다. 그럼에도 경험을 통해 단언할 수 있는 것은, 때를 기다리면 기회가 온다는 것입니다.

자본주의 사회에서 인간은 늘 유혹을 받습니다. 하루 동안에도 우리는 수많은 유혹 속에서 숨쉬며 살아갑니다. 기업은 물건을 팔아야만 살아남을 수 있기에 끊임없이 소비자들에게 속삭입니다. "소비하고, 소비하고, 또 소비하라! 그것이 너를 행복하게 만들어줄 것이다." 건설사는 더욱 넓고 큰 집에 살라고 하고, 자동차회사는 더욱 성능 좋고 멋진 차를 타라고 합니다. 식료품 회사는 더욱 맛있는 것을 더 많이 먹으라고, 의류회사는 더욱 예쁜 옷을 입으라고, 주류회사는 괴로우니 혹은 즐거우니 술을 마시라고 권합니다. 그리고 마침내 우리의 돈이 떨어지면 금융회사는 카드로 소비하고, 부족하면 빌려 쓰고, 더 이상 빌려주지 않으면 사채를 쓰라고 권합니다. 참 무서운 세상이지요.

드라마와 멋진 CF 들은 영상과 이미지로 유혹합니다. "이것이 바로 멋진 삶이다, 당신도 그렇게 살아보라"고 말입니다. 이들은 우리가 세상의 의견에 순순히 따라주길 바랍니다. 하지만 우리는 본질과 이미지를 구분해야 합니다. 내가 직장에서 일을 하며 받은 그 많은 돈은 모두 어디로 갔을까요? 어쩌면 억 단위의 돈이 나를 스쳐 지나갔을지도 모릅니다. 정신없이 이미지를 좇다 보면, 한 달간 애썼던 나의 노력의 '의미'가 사라지고 맙니다. 나의 젊음과 땀이 그렇게 사라집니다.

자본주의는 맑은 날엔 우산을 빌려주고, 비가 오는 날에는 그 우산을 빼앗습니다. 은행은 자산의 가격이 비쌀 때는 저렴한 이자로 돈을 빌려주면서도, 자산의 가격이 쌀 때는 돈을 빌려주지 않습니다. 1997년 IMF 당시 우리나라의 모든 자산의 가격이 하락했습니다. 땅값, 집값, 주가, 골프회원권까지 말입니다. 이때 헐값으로 자산을 거둬들일 수 있었던 이들은 수출업체와 빚 없이 현금을 보유한 이들이었습니다. 자산의 가격이 바닥까지 내려갔다는 것을 알아챈다 해도 현금이 없으면 살 수 없습니다. 이때 은행은 대출을 막았고 대출금을 철저히 회수했습니다. 따라서 우리는 투자할 만한 때를 기다리면서 투자할 만한 것에 투자할 현금을 갖고 있어야 합니다.

국민경제의 3요소

정부는 기업과 가계를 조율합니다. 불경기엔 경기부양책을, 호경기엔 규제책을 내놓습니다. 이를 잘 모르는 사람은 정부의 정책이 일관성이 없다며 비난합니다. 그러나 정부는 기업과 가계, 양쪽 모두에게서 세금을 걷어 국가를 운영해야 하므로 이러한 전략을 씁니다.

기업은 상품과 용역을 생산합니다. 일한 대가로 직원(가계)에게 월급을 주고, 소비자(가계)에게 생산한 물건을 팝니다. 직원에게 월급을 많이 주면 상품값을 올려야 하고, 직원에게 월급을 조금 주게 되면 직원이 곧 소비자이기에 상품이 팔리지 않는 데다, 정부에 세금도 많이 내야 하는 일이 생깁니다.

가계는 바로 우리입니다. 우리는 기업에서 월급을 받고 정부에 세금을 냅니다. 또한 기업이 생산한 제품을 구입합니다. 바로 이러한 이유로 월급의 일부를 안전한 자산에 반복적으로 투자하지 않으면, 월급을 받아도 국가에 세금을 내며 기업에 상품값만 대다가 그 쳇바퀴 속에서 벗어나오지 못하게 됩니다. 평생을 말이지요.

　봉건주의 시대엔 지주가 왕이었습니다. 지주는 소작농에게 1년간 땅을 빌려주고 소출의 50%를 가져갔습니다. 소작농은 지주에게서 1년 동안 음식과 옷과 농기구를 구입합니다. 이를 구입하는 데 남은 50% 비용을 소비하는 것이죠. 심지어 소작농이 다치거나 나이가 들어 노동력을 상실하게 되면 일을 하지 못하게 되므로 지주에게 진 빚을 갚지 못해 평생 소작농이 아닌 노예로 살아가게 됩니다. 소작농에서 탈출할 수 있는 방법이 없을까요? 있습니다. 소출로 얻은 이익에서 최대한으로 지출을 줄이고 모아서, 나만의 텃밭을 사 모으는 것입니다.

　이 시대를 살아가는 우리도 마찬가지입니다. 우리는 거대 기업이 제공하는 집에서 살며, 음식을 먹고, 옷을 입으며, 자동차를 굴려서 일을 합니다. 그러나 결국엔 우리의 노동력이 한계에 다다릅니다. 어떻게 해야 할까요? 나만의 텃밭을 사서 모아야 합니다. 이를 위해서 투자를 해야 합니다.

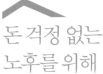

돈 걱정 없는 노후를 위해

　월급은 한 달 동안 써야 할 돈이 아닙니다. 우리가 일을 통해 돈을 벌 수 있는 시간은 짧게는 20년(30~50세), 길게 봐도 35년(25~60세)입니다. 인간의 수명을 80세까지라고 가정할 때, 결국 20~35년 동안 돈을 벌고 20~30년을 수입이 없는 상태로 살아야 한다는 이야기입니다. 근래 직장인의 입사 시기가 늦어지고 퇴직 시기는 점차 빨라지고 있다는 점이 매우 안타깝습니다. 다행인지 불행인지, 사실 우리는 90~100세까지 살 수도 있습니다. 그렇다면 수입 없이 살아야 하는 기간이 30~40년으로 대폭 늘어납니다.

0~10세	11~20세	21~30세	31~40세	41~50세	51~60세	61~70세	71~80세
돈을 벌기 위해 공부하는 기간			돈을 버는 기간			은퇴 후 노후 기간	

극단적으로 생각하면, 일을 하는 동안 급여의 절반을 저축해야 노후를 대비할 수 있다는 계산이 나옵니다. 한 달에 300만 원을 번다면 150만 원으로 생활하고 150만 원을 저축해야 한다는 말입니다. 그런데 이렇게 살기란 정말 쉽지 않습니다. 그럼에도 불구하고 하나 분명한 것이 있습니다. 나의 노후를 책임질 사람은 나뿐이라는 사실입니다. 모은 돈, 즉 저축액만이 의미가 있습니다. 한 달에 200만 원을 벌든 1,000만 원을 벌든 중요한 것은 소득 금액이 아니라, 내가 저축한 금액이라는 사실을 기억하십시오.

그렇다면 어떻게 저축을 시작해야 할까요? 먼저 내 급여통장에 월급이 들어오는 날 일정의 금액이 나의 저축통장으로 자동이체되도록 하세요. 나의 의지로 남는 돈을 저축하겠다는 결심은 좋지 않습니다. 자동이체를 걸어 나의 의지와 상관없이 돈이 빠져나가는 자동화 시스템을 만드는 것이 좋습니다. 그리고 나머지 돈으로 생활하는 겁니다. 내 급여소득이 먼저 카드값이나 공과금으로 소비되는 것이 아니라, 투자금 마련을 위한 저축으로 우선 사용되도록 만드세요. 그리고 그렇게 일정한 금액이 12번 혹은 24번 모이는 날, 이 자금을 그에 맞는 부동산으로 전환해야 합니다. 제발 자녀교육에 모든 돈을 쓰고 매달 한 푼도 저축하지 못하는 상황을 만들지 않길 바랍니다. 이것이야말로 자녀와 자신 모두가 불행해지는 지름길입니다.

근로소득이 사라지는 노후를 대비하여 근로소득이 있는 20~35년 동안 소득 증가분에 맞게 저축액을 늘려야 합니다. 그리고 이를 매해 안전하게 수익을 올릴 수 있는 곳에 반복적으로 옮기십시오. 그렇게 한다면 누구나 노후의 경제 문제를 해결할 수 있습니다.

저축의 힘을 믿으십니까?

직장생활을 10년 동안 해본 사람이라면 한번 생각해볼 문제가 있습니다.

10년간의 연봉을 모두 더해보세요. 얼마인가요? 10년간의 평균 연봉이 2,500만 원이라고 한다면 2억 5,000만 원입니다. 이 '억' 소리 나는 큰돈이 내 손을 거쳐서 누군가에게 흘러갔습니다. 그런데 그 2억 5,000만 원 중에서 현재 얼마를 손에 쥐고 있습니까? 다시 말하지만 중요한 것은 연봉의 많고 적음이 아닙니다. 현재 내가 얼마를 가지고 있느냐가 중요한 것이지요. 따라서 저는 반드시 급여의 25~33%를 꾸준히 저축하길 권합니다.

매년 저축액 늘리기

한번 계산해봅시다.

4% 금리가 적용되는 정기예금에 매년 1,000만 원씩 저축을 한다고 합시다. 매년 급여가 늘어나므로 저축액도 해마다 5%씩 늘립니다. 입사 첫해에 1,000만 원을 저축하고, 두 번째 해에는 급여가 5% 인상돼 1,050만 원을 저축합니다. 첫해 저축한 1,000만 원은 1년 후 1,040만 원이 됩니다. 그럼 20년 후 투자액은 얼마가 될까요?

20년 후에는 재산이 4억 6,000만 원이 됩니다. '1년에 1,000만 원씩 20년 모아봐야 2억 원밖에 안 되겠구나'라고 생각했다면 계산을 잘못한 것입니다. 불과 4%의 정기예금과 매년 5%씩 저축액만 올려도 원금의 2배가 넘는 4억 6,000만 원을 모을 수 있으니까요.

그런데 4%의 수익이 안정적이긴 하지만 너무 낮고, 2015년 현재 이

■ 예금 + 저축액 5% 증가

(단위 : 만 원)

구분	정기예금(이자 4%)	저축액(매년 5% 증가)	합계
입사 2000.01.01.	2000년부터 1년간 모은 1,000만 원을 정기예금함		1,000
2000.12.31.			
2001.12.31.	1,040	1,050	2,090
2002.12.31.	2,173	1,102	3,275
2003.12.31.	3,406	1,157	4,563
2004.12.31.	4,745	1,214	5,959
2005.12.31.	6,197	1,274	7,471
2006.12.31.	7,769	1,337	9,106
2007.12.31.	9,470	1,403	10,873
2008.12.31.	11,307	1,473	12,780
2009.12.31.	13,291	1,546	14,837
2010.12.31.	15,430	1,623	17,053
2011.12.31.	17,735	1,704	19,439
2012.12.31.	20,216	1,789	22,005
2013.12.31.	22,885	1,878	24,763
2014.12.31.	25,753	1,971	27,724
2015.12.31.	28,832	2,069	30,901
2016.12.31.	32,137	2,172	34,309
2017.12.31.	35,681	2,280	37,961
2018.12.31.	39,479	2,394	41,873
2019.12.31.	43,547	2,513	46,060

정도의 금리를 주는 은행도 없는 것이 현실입니다. 저축액을 매년 5%만 늘리는 것도 노후 대비임을 감안한다면 너무 낮은 수준입니다.

저축에 투자를
더하다

그럼 매년 저축액을 평균 10%씩 늘리면서,

매년 10% 수익을 보장하는 곳에 투자한다면 어떤 결과가 나올까요?

■ 저축액 10% 증가 + 투자 수익 10%

(단위 : 만 원)

구분	저축액(매년 10% 증가)	투자(수익 10%)	합계
입사 2000.01.01.			
2000.12.31.	1,000		1,000
2001.12.31.	1,100	1,100	2,200
2002.12.31.	1,210	2,420	5,324
2003.12.31.	1,331	3,993	3,630
2004.12.31.	1,464	5,856	7,320
2005.12.31.	1,610	8,052	9,662
2006.12.31.	1,771	10,628	12,399
2007.12.31.	1,948	13,638	15,586
2008.12.31.	2,142	17,144	19,286
2009.12.31.	2,356	21,214	23,570
2010.12.31.	2,591	25,927	28,518
2011.12.31.	2,850	31,369	34,219
2012.12.31.	3,135	37,040	40,775
2013.12.31.	3,448	44,852	48,300
2014.12.31.	3,792	53,130	56,922
2015.12.31.	4,171	62,614	66,785
2016.12.31.	4,588	73,463	78,051
2017.12.31.	5,046	85,856	90,902
2018.12.31.	5,550	99,992	105,542
2019.12.31.	6,105	116,096	122,201

20년 후엔 12억 2,000만 원이 됩니다. 단순히 매년 1,000만 원씩 20년을 모은 2억 원의 6.1배, 4% 금리 정기예금과 매년 5% 저축액을 늘려 모은 4억 6,000만 원의 2.65배에 해당하는 금액입니다.

더욱 놀라운 것은 이렇게 10년을 더해 총 30년을 투자하면 합계 금액이 47억 원이 된다는 것입니다. 20년간 모은 돈의 거의 4배에 가까운 돈이 10년 만에 생기는 것이지요.

■ 저축액 10% 증가 + 투자 수익 10%

(단위 : 만 원)

구분	저축액(매년 10% 증가)	투자(수익 10%)	합계
2020.12.31.	6,715	134,421	141,136
2021.12.31.	7,386	155,249	162,635
2022.12.31.	8,124	178,898	187,022
2023.12.31.	8,936	205,724	214,660
2024.12.31.	9,829	236,126	245,955
2025.12.31.	10,811	270,550	281,361
2026.12.31.	11,892	309,497	321,389
2027.12.31.	13,081	353,527	366,608
2028.12.31.	14,389	403,268	417,657
2029.12.31.	15,827	459,422	475,249

47억 5,249만 원! 불과 10년을 더 투자했을 뿐인데 손에 쥘 수 있는 금액이 4배로 늘어났습니다. 이것이 바로 투자의 힘이며, 복리의 기적입니다. 1,000만 원으로 시작하여 매년 10%씩 저축액을 늘리고 30년 동안 연 10% 수익을 거뒀을 때 얻을 수 있는 결과가 47억 5,000만 원

이 넘는 것입니다.

　이때 이런 생각이 들 수 있습니다. 매년 가격 하락 없이 10%씩 상승하는 투자처가 있을까? 그리고 매년 10%씩 저축액을 늘릴 수 있을까? 답은 '그렇다'입니다. 특정 부동산을 잘 고르면 10%의 가격 상승과 더불어 현금흐름이 발생하여 추가 수입이 생기기 때문이지요. 제가 최고의 투자처로 부동산을 꼽은 이유는 부동산은 가격 하락이 거의 없고, 자주 매매하는 것이 비교적 어려우며, 현금흐름을 만들 수 있기 때문입니다. 물론 가격 하락이 전혀 없이 연 10%의 수익이 발생되는 채권이나 예금을 매년 지속적으로 찾을 수만 있다면, 굳이 부동산투자를 할 필요는 없습니다.

　워런 버핏처럼 연평균 25% 이상의 수익을 거두며 꾸준히 투자액을 늘려서 30년 이상 투자한다면 어마어마한 금액이 됩니다. 애초 큰 액수로 투자를 시작해 많은 투자자를 유치하고 꾸준히 25%의 수익을 거둔 그가 세계 제일의 부자가 될 수 있었던 이유입니다.

　그런데 사람들은 처음부터 100억 원을 가진 이는 5%의 수익만 얻어도 연간 5억 원을 버는데, 고작 1,000만 원밖에 없는 내가 그들을 언제나 따라갈 수 있을지 근심하면서 100% 수익을 낼 만한 대박 투자처를 찾기 위해 조바심을 냅니다. 이런 사람들은 고수익을 보장하는 사기꾼에게 속아 넘어가기 딱 좋습니다. 다음 그래프를 이해한다면, 전혀 조급할 필요가 없다는 것을 알게 됩니다.

■ 단리 및 복리 저축 그래프

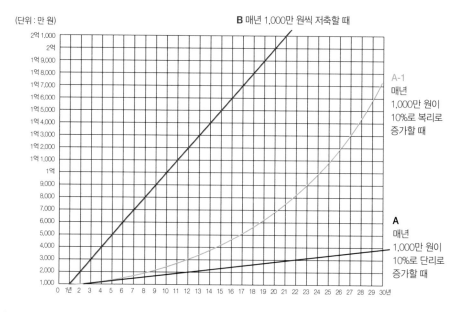

(단위 : 만 원)

B 매년 1,000만 원씩 저축할 때

A-1
매년
1,000만 원이
10%로 복리로
증가할 때

A
매년
1,000만 원이
10%로 단리로
증가할 때

A는 투자금 1,000만 원이 매년 10%씩 단리로 증가했을 때, A-1은 같은 금액이 매년 10% 복리로 증가했을 때 수익을 보여주는 그래프입니다. 처음 1~5년까지는 둘의 차이가 크지 않지만 시간이 지날수록 A-1의 그래프가 수직에 가깝게 상승해간다는 것을 알 수 있습니다. 이것이 복리의 힘입니다. 부동산은 거의 전년에 비해 복리로 가격이 상승합니다. 이 활모양의 그래프를 기억해둘 필요가 있습니다. B는 매년 1,000만 원씩 꾸준히 저축했을 때 수익을 보여주는 그래프입니다. 기

울기가 45도에 달할 정도로 높은 상승률을 보입니다. 고정수입과 꾸준한 저축의 힘을 보여주지요. 이처럼 투자는 꾸준하고 안정적인 수입이 있는 사람에게 절대적으로 유리합니다. 수익의 일부를 생활비로 써야 하고 꾸준히 투자금을 증액할 수 없는 전업투자자들이 불리한 이유입니다. 자, 그런데 만약 B 저축그래프와 A-1 복리그래프가 합쳐진다면, 어떤 결과가 나올까요?

■ 저축+복리 그래프

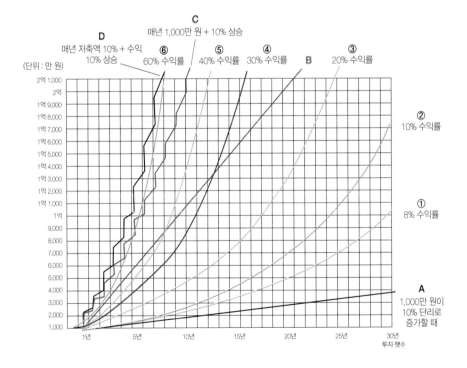

앞의 ①, ②, ③, ④, ⑤, ⑥은 각각 8, 10, 20, 30, 40, 60% 복리 수익 그래프입니다. C는 매년 투자금이 1,000만 원씩 증가하고 더불어 매년 10%의 수익이 증가하는 그래프, D는 매년 저축액이 10%씩 증가하고 더불어 매년 수익도 10%씩 증가하는 그래프입니다.

그래프에서 보듯 C는 거의 50%, D는 60%의 복리 수익에 근접한 투자 수익률입니다. 워런 버핏은 20%대의 수익을 올렸지만 C와 D그래프에 따르면 우리는 50~60%의 수익을 올릴 수 있는 것입니다. 50%대 이상의 수익은 투자자에게 있어 그야말로 '꿈의 수익률'이지요!

투자를 시작한 지 불과 10년만 지나도 C, D의 상승률은 가파르게 상승해 거의 수직에 가까워집니다. 이것이 바로 이 책 전반에 걸쳐 설명할 부동산투자법입니다.

물론 이는 이론이기에 현실과는 분명히 차이가 있습니다. 그럼에도 절약하고 저축하며 투자하고 점차 금액을 늘려가며 이를 계속 반복하는 것은 성공적인 투자의 변하지 않는 법칙입니다.

소형 부동산을 전세 끼고 매입하는 식으로 부동산에 투자한다면, 연평균 10%의 가격 상승과 전세 상승분을 얻을 수 있습니다. 직장에서 열심히 일하여 번 급여소득을 모아 1~2년에 1채씩만 매입해도, 당신이 원하는 경제적 자유를 누릴 수 있습니다.

사업 vs. 투자

많은 사람들이 부자가 되려면 '사업'을 해야 한다고 말합니다. 이러한 이유로 한 달 생활비에 불과한 월급에 목이 마른 직장인들이 부자가 되겠다며 사업을 택하는 경우가 많습니다. 물론 사업은 자본주의 사회에서 부를 이룰 수 있는 좋은 방법입니다. 그런데 사업으로 성공할 확률이 얼마나 되는지 생각해본 적 있으십니까?

사업의 성공 확률

신규 창업자 중 80%는 5년 내에 사라지고, 나머지 20% 중 80%도 그 이후 5년 내에 사라진다고 합니다. 사업을 하는 사람들은 대개, '지금은 어렵지만 이 시기만 버텨낸다면 곧 경쟁자들이 사라질 것이다. 그땐 내가 이 시장을 독식할 수 있다!'라고 생각합니다. 그러면서 '어서 경기가 좋아져야 할 텐데…' 하며 세계 경제를 걱정합니다.

하지만 사업으로 성공하려면 불경기에서도 반드시 월등한 수익을 내야만 합니다. 경기가 안 좋아져 경쟁자가 사라진다고 해도 다시 새로운 사람이 창업하여 그곳을 메우기 때문입니다. 늘 새로운 경쟁자와 다시 새로운 경쟁을 시작하는 것이지요. 물론 새로운 창업자들 중 80%는 5년 내에 사라지겠지만, 그러는 동안 내가 버틸 수 있을까요?

그 사이 내 사업의 적자도 계속 쌓이고 있는데 말입니다. 어느 시장이 돈이 된다는 말이 돌면 그곳에 신규 창업자금이 몰려듭니다. 결국, 어떤 환경에서든 반드시 투자금(모든 비용＋물가상승률＋인건비)을 능가하는 수익을 창출해야만 사업이 성공 궤도에 오릅니다.

부동산 경매 시장에 나오는 물건 중 대부분이 사업 실패가 원인입니다. 매년 경매로 나오는 물건의 양은 실로 어마어마합니다. 엄청나게 많은 사람들이 망하는 것인데, 또 그로 인해 경제가 돌아갑니다. 아이러니하게도 망하는 사람이 있어야 신규 사업이 생기고, 인테리어 업체가 일거리를 얻고, 땡 처리 업자가 돈을 법니다.

성공적인 사업의 비결

따라서 사업은 '최소 자금＋아이디어'로 승부해야 합니다. 지속적으로 작은 성공을 거듭하면서 그 규모를 조금씩 키워나가는 것이 좋습니다. 어느 사업이든 시행착오가 있을 수 있습니다. 사업의 규모가 내가 감당할 수 있는 범위 내에 있으면, 혹여 실패하더라도 소중한 교훈을 얻어 새롭게 출발할 수 있습니다. 하지만 감당할 수 있는 범위를 벗어나는 규모로 사업을 하다 보면 돈을 버는 것이 최우선이 되고 맙니다. 여기서 문제가 생깁니다. 돈을 버는 것을 최우선 목표로 삼으면 판단력이 흐려져서 원가 절감을 위해 질 나쁜 재료를 쓰고, 형편없는 서비스를 제공하며, 어려울 땐 사채까지 쓰게 됩니다. 망하는 지름길이지요. 물론, 창업자들 중 대부분의 목표가 많은 돈을 버는 것일 겁니다. 당연한 듯 보입니다만, 사실 본인이 아닌 고객에게 더 큰 가치를 주는 것을 목표로 삼을 때 비로소 사업이 성공하게 됩니다.

사업은 현재는 물론이거니와 앞으로의 시장에서도 이길 수 있고, 경기의 좋고 나쁨에도 흔들리지 않는 구조여야 합니다. 따라서 고객을 만족시키고, 원가를 절감하면서도 품질을 향상시킬 수 있는 아이디어와 전문성을 확보하는 데 많은 노력을 기울여야 합니다.

기업 주주가치의 아버지라고 불리는 잭 웰치John Frances Welch Jr 전 GE 회장은 2009년 〈파이낸셜 타임스〉와의 인터뷰에서 이렇게 말한 바 있습니다. "지난 20여 년간 재계를 지배해온 단기순익과 주가 상승을 통한 주주가치의 추구 이념은 세상에서 가장 바보 같은 생각이었다. 주주가치는 결과이지 전략이 아니다. 기업의 최대 가치는 고객과 상품에서 찾아야 한다."

투자의 위험

그렇다면 부자가 될 수 있는 또 다른 방법인 '투자'에 대해 생각해볼까요? 투자도 결코 쉽지 않습니다. 철저한 공부와 많은 경험이 필요합니다. 사람들이 몰려서 부동산 가격이 폭등한다는 소문이 들리면 마음이 조급해지게 마련입니다. 지금 막 오르고 있는 부동산이라도 사고 싶어집니다. 너무 사고 싶습니다. 다른 사람들도 투자한다고 하니 안

심이 됩니다. 나만 하지 않으면 오히려 손해를 보는 느낌입니다. 얼른 큰돈을 넣어서 엄청난 수익을 거두고 싶습니다. 하지만 단언하건대, 이런 곳엔 수익이 없습니다.

2006년 추석을 기점해 강남을 중심으로 부동산 가격이 폭등하자 2007년 초에는 강동구나 분당, 용인을 추격 매수한 이들이 많았습니다. 2003년부터 충남 연기군은 그 기간에 전국 땅값 상승률 최고 지역이었습니다. 행정복합도시 이야기 때문이었죠. 그때 노무현 대통령 탄핵이 이슈화되었는데, 반대 시위로 탄핵 이야기가 사라졌지요. 그럼에도 당시엔 탄핵이 결정되는 것처럼 보이자 땅값이 폭락했습니다. 2007년 초 경기도 광주 모현면도 분당급 신도시 개발 이슈로 사람들이 몰렸고, 2007년 말에 유행한 펀드도 마찬가지였습니다.

성공적인 투자 비결

차라리 이슈가 되지 않은 곳에 진주가 있습니다. 반드시 저위험 투자를 해야 합니다. 투자금이 적게 들고, 임대수요가 많은 지역의 물건이어야 합니다. 다른 이들이 거들떠보지 않고, 가격이 많이 하락했거나 그간 가격 상승이 없었던 물건이 진주가 될 수 있습니다. 흙 속에서 진주를 발견하는 것이 성공적인 투자의 비결입니다.

대한민국 최고 기업으로 꼽히는 삼성전자 주식을 사도 손실을 입을 수 있습니다. 주식 가격이 많이 오른 시기에 비싸게 구입한다면 말입니다. 큰 시세차익을 노리는 투기가 아닌, 가격 하락의 위험이 적은 곳에 한 투자를 통해서만 부자가 될 수 있습니다.

구분	성공률	성공 비결
사업	낮다	본인이 돈을 버는 것보다 고객에게 더 큰 가치를 준다
투자	높다	실제 가치보다 가격이 낮은 투자처에 대출 없이 반복적으로 투자한다

결론적으로, 확실한 경쟁력과 그 사업에 대한 사명이 있지 않다면 단지 돈을 벌기 위해서 사업을 해서는 안 됩니다. 그보다는 적성에 맞는 일을 하면서 돈을 모아 안전한 투자를 반복하는 것이 현명합니다.

부동산투자가 사업에 비해 더 안전하고 성공 가능성이 큰 이유는 투자 지역을 제대로 분석할 수 있다면 대부분의 위험을 피할 수 있기 때문입니다. 일단 그 지역의 인구를 연구하면서 인구 유입과 유출의 양을 살핀다면 앞으로의 수요 증감을 파악할 수 있고, 유입 및 유출되는 사람들의 유형을 연구하면 이들이 어떤 것을 선호하고 싫어하는지도 알 수 있습니다. 또한 지역 분석을 통해 그곳에 빈 땅이 있는지 없는지도 알 수 있지요. 예컨대, 서울처럼 더 이상 주택을 지을 땅이 없다면 희소성이 커지므로 가치가 올라갈 것이라고 예측할 수도 있습니다. 이를 기본으로 부동산에 대한 다양한 분석 기술을 갖춘다면 성공적인 투자가 가능합니다.

이미 로봇의
시대다

초등학교 때는 미래에 로봇의 시대가 열리면 대단히 멋질 것이라고 생각했습니다. 하지만 지금은 걱정이 앞섭니다. 사실 이미 로봇의 시대가 시작되었습니다. 각종 센서와 인공지능, 인터넷, 자동화 시스템 등이 인간을 대체하고 있습니다. 기계가 인간의 노동을 대체하고, 소프트웨어는 인간의 두뇌를 대체합니다. 앞으로 인간이 로봇과 차별될 수 있는 건, 창의력과 상상력뿐이 아닐까요?

일례로 아파트 경비원을 생각해보세요. 요즘 공급되는 신규 아파트의 경우 카드키를 통해 집에 들어갈 수 있으며, 감지기가 입주민 차량에 달린 칩을 확인해 차단기를 통과시킵니다. 또 아파트 곳곳의 CCTV가 놀이터, 엘리베이터, 공원 등을 24시간 촬영하고 녹화합니다. 대형 아파트 단지의 경비실 직원은 단 2명입니다. 2교대를 감안하면 총 4명이지요. 10여 개의 모니터를 통해 단 2명의 경비가 아파틀 관리합니다. 특히나 나이 든 '경비 아저씨'가 아니라, 20~30대의 검은 정장을 입고 가스총을 찬 보안회사 직원이 아파트 입구의 경비실에서 아파트 전체를 관리하는 겁니다.

반면, 구형 15층 계단식 아파트(1993년 입주)의 경우, 30가구를 경비아저씨 2명이 격일로 관리합니다. 15가구당 1명의 경비원이 필요한 겁니다. 아파트 단지 하나가 800세대라면 총 54명의 경비원이 필요하겠지요. 4명 vs. 54명. CCTV와 감지기로 50명의 인건비가 줄어들었습니다. 아파트 단 1개의 단지에서 50명의 일자리가 사라졌습니다. 이것이 불과 수년 만에 생긴 변화입니다. 뉴타운, 재개발, 재건축 등으로 구형 아파트가 사라지고 앞으로 새롭게 지어질 모든 아파트에서 일어날 일입니다. 이처럼 아파트 경비직은 물론 수많은 직업이 사라질 겁니다(2009년 경비 아저씨가 지키던 이 구형 아파트도 2015년 말 현재, 경비실이 폐쇄되었고 버튼 키로 바뀌었습니다. 이제 아파트 입구엔 차단봉과 차량번호 인식시스템이 작동되고 있습니다).

아파트 관리뿐이 아닙니다. 각종 민원 업무는 인터넷화되고 지하철 매표기기가 생기면서 매표소 직원도 사라졌습니다. 은행창구 직원이 줄어 번호표를 뽑고 한참 기다리거나 ATM 기계에서 금융 업무 처리를 합니다. 모든 기업들이 고용 인원을 줄일 수 있는 일이라면, 고가의 장비에도 투자를 아끼지 않습니다. 공장은 인건비가 싼 외국으로 이전하고 로봇이 사람을 대신해 일하고 있습니다.

안타깝지만, 경기가 좋아진다고 해도 고용이 늘어나기는 힘들 겁니다. 단순직의 노동자들이 일할 곳은 점점 줄어들고 있습니다. 비정규직, 외국인, 기계화로 인해 직장인들의 월급은 줄어들 것으로 봅니다. 기업들이 악한 것이 아닙니다. 기업들도 비용을 줄여야만 다른 회사와 경쟁할 수 있기 때문입니다. 비용이 증가할수록 수익성은 악화되고,

최종 제품의 판매가격 상승으로 경쟁력이 약화되기 때문에 기업으로서도 어쩔 수 없는 일이지요.

자, 그럼 우리는 어떻게 해야 할까요? 투자를 해야 합니다. 은퇴하기 전까지 매년 저축한 돈을 월세나 현금흐름을 취할 수 있는 자산으로 반복적으로 바꿔야 합니다. 언제까지 투자해야 할까요? 근로로 얻는 고정수입이 끊길 때까지 계속해야 합니다. 그 기간 안에 비 근로소득이 근로소득을 앞지르도록 만들어야 하는 겁니다. 언젠가 내가 하고 있는 일과 직장이 없어진다고 해도 내게 꾸준히 수입을 줄 수 있는 나무를 심어야 합니다. 1~2년에 1그루씩만 심어도 그것이 나의 노후를 보장할 것입니다. 제가 심은 최고의 나무는 부동산이었습니다.

노후를 위한
최고의 투자처

자본주의 사회에서 사는 것은 투자의 파도 속에 살아가는 것입니다.
그 속에서 우리는 공부하고 연구하고 기다리고 도전해야 합니다.
결국 자본주의 사회 속에서 투자는 선택이 아니라, 숙명입니다.

현금의 가치는 하락한다

상대성이론으로 유명한 아인슈타인은 복리에 대해 '세계의 8번째 불가사의'이며 '인류의 가장 위대한 발명'이라고 말했습니다. 복리의 마법에 대한 책을 읽다 보면 항상 빠지지 않고 나오는 이야기가 있습니다. 바로 인디언이 백인에게 맨해튼을 헐값에 판 이야기입니다.

뉴욕 맨해튼 섬은 1629년 초대 뉴욕 주지사였던 피터 미뉴이트Peter Minuit가 토착 인디언들에게 장신구와 구슬 몇 개를 주고 샀다고 합니다. 값을 매긴다면 24달러 정도입니다. 현재의 맨해튼 가격에 비하면 정말 말도 안 되는 헐값이지요. 누군가가 이 24달러를 복리로 계산했습니다. 380년 동안 연리 8%로 이자를 받았다면 무려 100조 달러가됩니다. 그 돈이면 맨해튼을 사고 나서 LA를 2번이나 사고도 남는 돈입니다.

이 이야기는 맨해튼의 가치를 알아보지 못한 인디언을 다소 무시하는 내용인 것 같습니다. 그러나 이 이야기에서 우리는 2가지 오류와 1가지 통찰을 발견할 수 있습니다.

첫 번째 오류는 인디언이 맨해튼을 팔지 않았다고 해도 결국 강제로 빼앗기게 되었을 거란 겁니다. 두 번째 오류는 인디언이 그 돈을 장기 채권과 같은 복리 상품에 투자했다면 그 투자회사가 파산했을 거라는 겁니다. 고객에게 장기간 동안 복리로 높은 수익을 주는 투자회사는 없으니까요.

우리가 얻을 수 있는 1가지 통찰은 무엇일까요? 부동산이야말로 최고의 복리 상품이라는 것입니다.

한때 복리에 관한 책이 유행하면서, 숫자 72를 수익률로 나누면 원금이 2배가 되는 해가 나온다는 '72의 법칙'이 알려졌습니다. 예를 들어, 연 8%의 수익률을 거두면 9년마다 내 재산이 2배가 되는 겁니다 (72/8 = 9). 연 24%의 수익률을 거둔다면, 재산이 2배로 늘어나는 데 3년이 걸리겠지요(72/24 = 3).

그런데 요즘에도 복리가 있을까요? 사실 아주 가까이에 있습니다. 바로 인플레이션, 물가입니다. 물가는 복리로 오릅니다. 물론 마이너스 복리이지요. 보통 20년 전의 100만 원이 현재 500만 원 정도의 가치라고 말합니다.

지하철 4호선의 최초 요금이 얼마였는지 기억하십니까? 200원입니다. 1980년대 중반 짜장면 가격은 700원이었고, 아이스크림이나 과자가 100원 정도 했습니다. 처음 사 먹은 라면의 가격은 얼마였나요? 20년 전이나 30년 전에는 어떻죠? 많은 사람들이 노후에 연금을 받기 위해 매달 많은 돈을 적립하고 있지만 물가상승률 때문에 사실상 20~30년 뒤에는 그 금액의 가치가 크게 떨어질 수 있습니다.

정부가 발표하는 물가상승률과는 달리, 개인적으로 저는 지금까지의 실질적 물가상승률이 8%에 가깝다고 생각합니다. 그럼, 계산해볼까요? 마이너스 복리라는 점을 감안해 계산해보면, 우리의 재산은 9년마다 반 토막이 납니다(72/8 = 9). 예를 들어, 지금 가진 600만 원은 9년 후 현재 300만 원의 가치와 같고, 18년 후에는 현재 150만 원의 가치와 같다는 말입니다. 그럼 30년 후엔 어떨까요? 지금의 600만 원은 현재의 75만 원 정도의 가치에도 못 미치겠지요.

물론, 이것은 추정치입니다. 미래는 누구도 알 수 없습니다. 이제 우리나라 역시 저성장 저금리 시대에 도달했기 때문에 예전처럼 급격한 물가상승은 없을 것입니다. 그럼에도 돈의 가치가 시간이 지날수록 하락한다는 사실에는 변함이 없습니다. 2015년의 1억 원과 2025년의 1억 원은 분명 다릅니다.

따라서 반드시 물가상승률을 능가하는 수익을 올려야만 합니다. 물가상승률을 능가하는 수익을 낼 수 있는 투자처가 어디에 있을까요?

저는 수익형 부동산만이 물가상승률을 방어할 수 있다고 생각합니다. 단, 대출을 받지 않고 내가 가진 자금 범위에서 전세를 낀 채 주택을 구입한 후 차츰 전세를 월세로 바꿔나가는 것이 현명한 전략입니다. 역사를 통해 증명된 것은, 600만 원짜리 연금은 해마다 그 가치가 떨어지지만 좋은 부동산의 임대료는 물가보다 더 높게 상승했다는 것입니다. 앞으로도 물가상승률은 더욱 높아질 겁니다. 이를 방어할 수 있는 것은 실물자산이며, 실물자산의 대표는 바로 부동산입니다.

늘어난 인간 수명의 영향

2009년 인간의 평균 수명은 80세였습니다. 그리고 2015년엔 1년 더 늘어서 81세가 되었지요. 사실 실질 수명과 건강 수명은 10살 정도 차이가 난다고 합니다. 목숨을 이어갈 수 있는 연명치료가 10년이라는 수명을 늘린 셈이죠. 갑작스러운 사고를 당하거나 생명을 잃을 수 있는 질병에 걸리지 않는 한 우리가 100세까지 살 가능성이 굉장히 커진 겁니다. 이것이 축복일까요? 경제적 걱정이 없는 사람에겐 50세에 은퇴한 후 건강하게 여생을 즐기며 살아갈 수 있으니 축복일 것입니다. 그러나 경제적으로 준비되지 않은 사람에게 수명 연장은 재앙이 될 수 있습니다.

현재 40대는 자기 수입의 절반 이상을 자녀의 사교육비로 사용하고 있습니다. 결코 바람직하다고 볼 수는 없지만 부모 입장에서 자녀가 공부하고 싶다는데 사교육 없이 도서관에서만 공부하라고 강요할 수만도 없겠지요. 그런데 그렇게 공부시켜서 대학에 보낸다고 해도 자녀의 대학 등록금과 결혼 비용까지 대고 나면 부모들은 도대체 무슨 돈으로 노후를 보낼 수 있을까요? 또 본인이 세상을 떠날 때 배우자에게 무엇을 남길 수 있겠습니까? 그동안 수입의 절반을 교육비로 썼으니 자녀에게 부모의 노후를 책임지라고 할 수 있을까요? 혹여 자녀가 원한다고 해도 이를 며느리나 사위가 받아들일까요?

결국 나의 노후는 스스로 준비해야 합니다. 이처럼 우리는 투자를 할 수밖에 없는 시대를 살아가고 있습니다. 불과 20~25년간 번 돈으로 짧으면 20년, 길면 40년 이상을 살아야 합니다. 20~40년간 수입이 없다면 그 긴 시간 동안 돈 걱정 없이 살기 위해 얼마의 돈을 저축해놓아야 할까요? 천문학적인 금액이 될 겁니다. 무엇을 상상하든 그 이상이라는 것만은 분명합니다.

저는 노후를 위한 가장 안정적인 투자처는 임대수익을 얻을 수 있는 부동산이라고 생각합니다. 따라서 일을 하는 동안에는 착실히 돈을 모아 1~2년마다 소형 주거용 부동산을 1채씩 구입하기를 권합니다.

경제적인 어려움 외에 사람들이 노후에 걱정하는 문제 중 하나는 할일이 없다는 것입니다. 그런데 하고 싶어도 육체적으로 힘든 일은 할 수 없습니다. 힘을 들이지 않으면서도 대접받고, 지나치게 바쁘지 않은 일이 있습니다. 임대사업입니다. 이러한 이유로 임대사업은 노후를 위한 최고의 직업이 될 수 있습니다.

주식투자 vs.
부동산투자

대한민국 최고의 주식 가격이 10배 오를 때 대한민국 최고의 아파트 가격이 5배 올랐다고 가정해봅시다. 그렇다면 주식투자 수익률이 부동산투자 수익률보다 더 좋다고 할 수 있을까요? 아닙니다. 1억 원대 아파트를 5,000만 원 전세를 끼고 샀다면 수익률은 같습니다. 투자금 자체가 5,000만 원이기 때문입니다. 특히 투자 기간을 20~30년으로 길게 보세요. 이 기간 동안 주식 시장에서 상당수의 회사가 사라집니다. 그러나 아파트는 20~30년 후에도 사라지지 않습니다.

투자 안정성

투자는 반드시 안정적으로 해야 합니다. 결코 원금을 잃어서는 안 됩니다. 그러나 주식투자는 인간 심리를 감안할 때 돈을 잃기 쉬운 구조입니다. 만약 주식투자로 매년 투자금 대비 8% 이상의 배당을 받을 수 있다면 그 주식에 투자해도 좋습니다. 그러나 주식의 배당률은 기껏해야 3~4% 이하입니다. 은행의 이자보다 못한 경우가 대부분이지요. 그것도 그 회사가 그때까지 존속해야만 가능한 일입니다. 20년 전, 아무도 삼성이 일본의 소니Sony를 능가할 것이라고는 생각조차 못했습니다. 그러나 다시 20년 후에는 소니는 물론 삼성이 지구 상에서 사라질 수도 있습니다. 워런 버핏은 투자의 가장 기본적인 원칙은 원금을 잃지 않는 것이라고 했습니다. 단 한 번의 가격 하락이 수익률에 심각한 영향을 미친다는 걸 기억하시기 바랍니다.

향후 예측 가능성

주식 시장은 외국인이 개미의 돈을 가져가는 구조입니다. 더욱 정확하게 말하면, 더 많은 정보와 지식과 경험을 가진 사람에게 그렇지 않은 사람의 돈이 이동하는 구조입니다. 막대한 자본과 정보력, 투자 경험을 가진 외국인은 개미를 훨씬 앞지를 수밖에 없습니다. 결국 어린이와 어른의 싸움이 되는 것이지요. 열심히 공부해서 외국인을 이길 수 있는 슈퍼개미가 된다면 주식 시장도 좋은 투자처가 될 수 있습니다. 그러나 각종 증권 관련 자격증을 소지하고 다년간 증권사에서 일했던 어느 전문가는 자신이 외국인 세력을 절대 이길 수 없기에 퇴사를 결심했으며 현재 다른 직장을 알아보고 있다고 고백하기도 했습니다. 물론 그는 이제 주식투자를 하지 않습니다. 이처럼 주식투자는 어렵습니다. 그에 비해 부동산은 사실 주식보다 투자하기 쉽습니다. 부동산투자는 수요와 공급만 제대로 파악해도 어느 정도 예측이 가능하기 때문입니다.

주식투자의 기본 속성은 '시세차익'입니다. 이 때문에 저는 주식을 좋은 투자처라고 생각하지 않습니다. 하루에도 몇 번씩 출렁이는 주가를 모니터링하다 보면 어느 순간 잦은 매매를 하고 있는 자신을 발견하게 될 겁니다. 확신이 없다면 뉴스에 흔들리게 되겠지요.

펀드란 무엇인가요? 개별 주식을 모은 것입니다. 그런데 사람들은 주식 직접투자는 위험하다고 생각하면서 펀드는 안전하다고 생각합니다. 펀드도 주식인데 말이지요.

주식 시장에서 소형주는 작전세력에 의해 많이 움직입니다. 기업의 가치가 단 며칠 만에 2배가 될 수 있을까요? 그럴 수 없겠죠. 하지만 주가는 며칠 만에도 2배가 될 수 있습니다. 호재가 있어서일까요? 아닙니다. 누군가가 대량으로 주식을 사들였기 때문입니다. 애널리스트들은 주식 가격이 오르면 여러 가지 이유를 붙여 가격 상승 원인과 장밋빛 미래를 예측합니다. 그들의 감언이설을 그저 한 귀로 듣고 흘려버릴 수 있을까요? 그 상한가에 편승하고 싶은 마음이 생기는 게 인지상정입니다. 안타깝게도 내가 주식을 사고 나면 가격이 하락합니다.

고가의 우량주도 다르지 않습니다. 엄청난 규모의 자본을 갖춘 외국인들은 전 세계의 유명한 신용평가기관을 통해 우리나라의 안 좋은 신용평가 소식을 퍼뜨립니다. 이로써 가격이 하락하고 나면 자신들이 주식들을 사들입니다. 그 후엔 반대로 한국의 좋은 신용평가 소식과 함께 세계의 영향력 있는 인사가 우리나라를 좋게 이야기하는 인터뷰를 퍼뜨린 후 다시 주식을 팝니다. 도대체 그들이 누구기에 함부로 우리나라의 신용등급을 올렸다 내렸다 하는 걸까요? 그들은 우리나라의 우량주를 자기들 마음대로 움직이면서, 자신들의 발표 내용에 책임을 지지도 않습니다. 다른 사람은 몰라도 나는 거기에 절대로 넘어가지 않을 거라고 장담할 수 있을까요?

물론 주식투자를 통해서 큰돈을 버는 방법이 없는 것은 아닙니다. 매달 수입 중 생활비를 제외한 나머지 돈으로 꾸준히 우리나라의 최고 우량주를 사는 것입니다. 절대 매도하지 않고, '어찌 됐든 은행의 이자보다는 낫겠지' 하면서 지속적으로 사서 모으는 것입니다. 이러한 방식으로 경기가 좋든 나쁘든, 주가가 오르든 내리든, 흔들리지 않고 대출 없이 내 돈으로만 블루칩을 사 모으는 건 필승의 방법이 될 수 있습니다. 실제로 제 주변엔 이러한 방식으로 투자한 사람이 있습니다. 그가 얻은 수익이 방송에 나와 강의를 하는 애널리스트들보다 높을 것입니다. 이 외에도 인덱스펀드에 투자하는 것도 방법입니다. 종합주가지수가 많이 낮아질 때 주식을 사고, 주식 시장이 활황일 때 팔면 됩니다. 아주 쉽고 간단한 데다 안전한 방법입니다. 그런데 단번에 큰돈을 벌고 싶다는 욕심 때문에 실행하지 못하는 방법이기도 하지요.

결론을 내려봅시다. 부동산은 주식보다 가격 하락에 강하며 가격이 크게 출렁이지 않습니다. 소액으로 꾸준히 투자한다면 부동산이 주식보다 높은 수익을 가져올 것입니다. 특히 경기 하락 시 가장 강한 투자처는 소형 주거용 부동산입니다. 경기가 안 좋을 때 주식, 펀드, 중대형 부동산, 상가, 골프회원권 등의 가격은 폭락했지만, 소형 주거용 부동산의 가격은 거의 떨어지지 않았습니다. 물론 주식이 부동산에 비해 월등히 좋은 것이 있습니다. 바로, 환금성입니다. 따라서 부동산의 월세처럼 배당이 많이 떨어지고 망할 가능성이 거의 없는 우량 회사가 있기만 하다면, 부동산에 투자하지 말고 그 회사의 주식을 사십시오. 그런 회사가 정말 있다면 말입니다.

인구 감소가 부동산의 위기?

향후 인구가 지속적으로 줄어들게 되면 부동산의 가치가 떨어질 것이라고 예측하는 사람들이 있습니다. 일본처럼 부동산이 폭락한다는 주장입니다. 이는 숲을 보면서 나무는 보지 못해서 하는 말입니다. 방법은 부동산 가격 폭락에도 견딜 수 있는 부동산에 투자하면 됩니다.

저는 서울과 경기지역의 인구는 줄지 않을 것이라고 생각합니다. 지방의 대도시도 마찬가지입니다. 앞으로도 서울로 들어올 외국인은 점점 더 늘어날 것입니다. 실제 일본 도쿄에 비하면 우리 서울에 거주하는 외국인은 매우 적은 수준입니다. 앞으로 서울은 훨씬 유명한 국제도시가 될 것입니다.

미래를 예측하는 것이 불가능하다고 생각하지만, 개인적으로는 통일이 어느 순간 갑자기 이루어질 것이고 그 시기는 10년 이내가 아닐까 생각합니다. 부동산투자에서 10년은 그리 긴 시간이 아닙니다. 통일이 되든 되지 않든 남북 간 왕래가 자유로워지는 그 순간, 북한의 사람들이 일자리를 찾아 서울과 경기지역으로 들어올 것이라고 생각합니다. 남과 북이 경제적으로 협력한다면 남한의 기술 및 자본과 북한의 싸고 우수한 노동력으로 우리는 경제적으로 세계 5위를 바라볼 수도 있습니다. 1970~1980년대 농촌 인구가 서울로 올라온 것과 같은 맥락에서 이해하면 됩니다. 서울에는 사람이 있고 일자리가 있고 기회가 있습니다. 이는 전 세계 수도에서 일어나는 공통적인 현상이지요. 대부분의 사람들이 대도시로 모이고 있으니까요.

이렇게 예측할 수 있는 것은 우리나라의 엄청난 잠재력 때문입니다. 불과 몇십 년 전까지만 해도 다른 나라로부터 원조를 받던 대한민국은 이제 원조를 하는 나라가 되었습니다. 이런 사례는 대한민국이 유일하다고 합니다.

2002년 북아일랜드 얼스터대학의 리처드 린Richard Lynn 교수와 핀란

드 타투 바하넨Tatu Vahanen 교수가 발표한 공동연구서 'IQ와 국부'에 따르면, 세계에서 가장 두뇌가 좋은 나라로 1위 남한, 2위 북한이 뽑혔다고 합니다. 참고로 이스라엘은 3위를 차지했습니다. 미래 사회는 지식 사회입니다. 자원이 많은 나라보다 지식이 강한 나라가 세계의 중심이 될 것입니다. 우리나라가 강국이 되면 자연스럽게 대한민국의 부동산 가격이 오르고, 우리나라가 몰락한다면 당연히 부동산 가격도 하락하겠지요.

결국 중요한 것은 인구의 감소가 아니라 사람들이 어디에서 살 것인지입니다. 어떤 상황에서든 인구가 늘어나는 지역은 반드시 있습니다. 사실 지방의 읍, 면, 리의 인구는 지속적으로 줄고 있으며 마을 자체가 없어지는 경우가 속출하고 있습니다. 지방에서는 심각한 인구 감소로 인해 귀농 및 귀촌을 적극적으로 홍보하고 있습니다. 그런데 서울은 어떻습니까?

생각해봅시다. 수험생 수가 줄어든다고 해서 서울 대학교와 명문 사립 대학교에 들어가는 것이 쉬워질까요? 한때 2005년이 되면 학생 수보다 대학 정원수가 많아지기 때문에 누구나 대학에 들어갈 수 있어서 학원 사업이 망할 것이라고 주장하는 사람들이 많았습니다. 이것이 얼마나 어리석은 예측이었는지 역사가 증명합니다. 지금은 어떤가요? 10년 전보다 오히려 지금 명문 대학교에 들어가는 것이 더욱 어려워진 것 같습니다. 반면 지방 대학교의 경우, 학생 수가 급격하게 줄어들면서 중국인 유학생을 유치하지 않으면 학교 운영 자체가 어려운 학교가 많다고 합니다.

한번 생각해볼까요? 1가구의 가족 수가 대략 4인이라고 가정할 때 국민이 4,000만 명이고 전국에 주택이 1,000만 채 있다면 주택 문제가 모두 해결된 것일까요? 아닙니다. 어느 지역에는 집이 남아돌고, 어느 지역엔 집이 부족할 겁니다. 이처럼 인구수가 줄어든다고 해도 인구가 늘어나는 곳은 여전히 사람이 유입되며 주택이 모자라게 됩니다.

사람들이 거주할 집을 결정하는 조건은 여러 가지입니다. 직장에서 가깝다. 주변 환경이 좋다. 좋은 학교가 있다. 관공서가 있다. 병원과 쇼핑몰이 있다. 공기가 좋다. 문화시설이 잘 갖춰져 있다. 자부심을 느낄 수 있는 지역이다. 교통이 편리하다 등. 하지만 그중에서도 제일 중요한 것은 바로 직장입니다.

살고 있는 동네가 금융가나 IT밸리가 된다면 특 A급 지역이 됩니다. 1급 상업지가 되는 것도 좋습니다. 2000년도에 압구정동이 뜨자 도산공원 인근의 주택지는 모두 식당이나 카페, 옷 가게 등으로 바뀌었습니다. 거주 지역에 대학병원 혹은 종합병원을 갖춘 대학교가 들어오거나, 삼성이나 LG 같은 대기업의 연구소나 공단이 생기는 것도 호재입니다. 이 모든 상황의 공통점이 무엇일까요? 바로, 일자리입니다. 많은 일자리가 생긴다는 사실이 중요하며 그 일자리의 평균 연봉이 5,000만 원인지, 1억 원인지, 2억 원인지에 따라서 그 지역의 주택 가격이 바뀌기도 합니다. 당연히 연봉이 많을수록 부동산 가격이 올라가 겠지요.

부동산투자와 관련해 변하지 않는 1가지 법칙이 있습니다. '직원들에게 고액 연봉을 주는 대기업이 위치한 지역의 부동산 가격은 하락하지 않는다.' 돈을 많이 버는 사람일수록 시간을 중요하게 여깁니다. 이들은 출퇴근에 3~4 시간을 쓰지 않습니다.

맞벌이를 하는 서민층이 어디에 살고 있는지도 살펴볼 필요가 있습니다. 부부 중 한 명은 출근하고 퇴근하면서 어린이집에 아이를 맡기거나 찾아와야 합니다. 따라서 출퇴근에 3~4 시간 이상을 쓸 수 없습니다. 이처럼 설사 전체적인 부동산의 가격이 하락한다고 해도 부동산 가격이 오르는 곳에만 투자하면 됩니다.

결론을 내리겠습니다. 인구가 감소하면 모든 부동산 가격이 폭락한다는 말은 거짓말입니다. 그 이유는 다음과 같습니다.

첫째, 인구는 감소하지 않습니다. 출생률은 감소하고 있지만 사망률 또한 감소하고 있으므로 인구가 크게 줄어들지 않습니다(물론, 인구의 연령비율이 바뀝니다. 여기에 기회가 있습니다).

둘째, 통일로 인한 북한 인구의 유입을 감안하지 않았습니다. 통일이 된다면 서울 및 수도권을 비롯해 지방 산업단지로 북한 사람들이 유입될 것입니다. 당장 통일이 되지 않는다 해도 10~30년 내에 남북 간의 왕래가 자유로워질 리 없다고 장담할 수는 없습니다.

셋째, 부동산 가격은 하락할 수 있지만, 모든 부동산이 그런 것은 아닙니다. 수요가 늘어나는 곳은 있으며 그곳의 부동산 가격은 반드시 상승합니다.

넷째, 대한민국의 미래를 부정적으로만 보고 있습니다. 우리나라의 미래를 어떻게 보십니까? 저는 통일이 되면 대한민국이 20년 내에 세계 경제대국 5위권 내에 진입할 것이라고 생각합니다. 앞서 말했듯이 남한의 기술 및 자본력과 북한의 저렴하고 수준 높은 생산력이 합쳐지고 아시안 하이웨이 1, 2가 뚫려 육로를 통해 유럽에까지 수출이 가능해진다면, 우리나라는 섬나라가 아닌 대륙의 나라가 됩니다. 대한민국의 도약을 긍정적으로 보는 이유입니다. 그렇게 된다면 서울은 뉴욕과 같은 세계적인 메트로폴리스가 될 것입니다.

빈부격차는 투자지식의 격차

손쉽게 부자가 되는 세 가지 방법이 있습니다. 부자 아빠에게서 태어나거나 부자와 결혼하거나 로또에 당첨되는 겁니다. 그러나 이렇게 얻은 부를 얼마나 오래 유지할 수 있을까요? 내 능력이 아닌 남의 도움이나 그저 운으로 얻은 부는 그리 오래가지 못합니다. 내게 재산을 유지할 능력이 없다면 많은 돈이 시간과 함께 사라지고 맙니다. 거액 복권 당첨자들 중 대부분의 말로가 비참한 것은 그 사람이 돈을 관리할 그릇이 되지 못했기 때문입니다. 엄청난 금액의 재산을 물려받거나 우연히 큰돈을 얻게 되면 씀씀이가 커지는데, 한번 늘어난 씀씀이를 줄이는 것은 절대 쉽지 않다는 게 문제입니다.

이러한 이유로 저는 월세를 가져다주는 부동산이나 연금에 투자하면서 거기에서 나오는 현금흐름 안에서 지출하며 생활하는 것이 최고의 방법이라 생각합니다.

우리에게 10억 원이 있다고 생각해봅시다. 만약 우리가 1년에 1억 원을 쓴다면 매달 833만 원씩 쓸 수 있는데, 이렇게 돈을 쓰면 10년 만에 10억 원을 소진하게 됩니다. 그런데 10억 원을 6% 수익을 안겨주는 투자처에 투자한다면 어떨까요? 원금을 건드리지 않고도 평생 매달 500만 원씩을 쓸 수 있습니다.

2007년 말부터 2008년 초까지 엄청난 양의 펀드가 판매됐습니다. 당시엔 다음과 같은 상황이 흔하게 발생했습니다.

재테크의 '지읒'도 모르던 김 씨는 돈이 생기는 종종 저축만 해왔다. 어느 날 송금을 하기 위해 은행에 간 김 씨의 통장잔고를 본 창구직원이 이렇게 말했다. "이 큰돈을 그냥 통장에 두고 계세요? 그보단 중국 펀드나 베트남 펀드로 돈을 굴려보는 게 어떠세요? 수익률이 꽤 높거든요." 창구

직원의 말만 믿고 2007년 말 펀드에 가입한 김 씨의 투자금은 2008년 말 정확히 반 토막이 났다. 요즘 김 씨는 펀드라면 '펀'자도 들먹이지 못하게 하고 펀드 쪽에는 눈길조차 주지 않는다.

예상했겠지만, 김 씨는 평소 경제 공부를 제대로 한 적이 없습니다. 그럼에도 주변에서 이런 소리는 들어본 적이 있을 겁니다. "누구누구가 펀드로 돈을 엄청 벌었대!" "무슨무슨 펀드가 수익률이 그렇게 높다던데?" 이러한 소문들을 반복해서 듣게 된 김 씨는 마음 한편으론 그들이 부럽기도 하고, 왜 나는 그들처럼 돈을 벌지 못했는지 자신이 멍청한 것 같아 부아가 치밀어 올랐을지도 모르겠습니다. 이런 생각이 가득하다 보니 펀드에 대한 지식이 별로 없던 은행직원의 권유에도 무턱대고 투자를 결정한 것입니다.

김 씨의 잘못은 무엇일까요? 자기 돈을 남에게 맡긴 겁니다. 자신의 소중한 돈을 내가 아닌 남이 나를 위해 불려 주리라 기대하고 덥석 맡겨버린 것입니다. 그 돈이 투자될 곳이 어떤 곳인지, 어떤 리스크가 있는지 알아보지도 않고 맡긴 것이지요.

이는 스스로 펀드에 대해 알아보고 연구해서 여러 증권사에 방문해보고 전문가들에게 묻고 책과 인터넷으로 공부한 후 수많은 펀드 중 하나를 자신의 판단으로 골라서 투자한 것과는 엄청난 차이가 있습니다. 만약 이렇게 노력한 끝에 투자했는데도 실패했다면 돈을 잃었어도 엄청난 교훈은 얻을 수 있었을 것입니다.

더욱 안 좋은 건, 김 씨의 투자 이후 대처 자세입니다. 왜 펀드로 손실을 입게 됐는지에 대한 원인 분석을 하지 않았을뿐더러, 자신의 잘못이 무엇이었는지 반성하거나 자신에게 분노하지도 않은 채 그저, 다시는 펀드 쪽에 눈길을 주지 않겠다는 소극적인 자세로 상황을 마무리했기 때문입니다. 이러한 태도라면 결코 발전할 수 없습니다.

자본주의 사회에 살면서 재테크를 모르는 것이 자랑인가요?

자본주의 사회에 살면서 투자를 모르는 것이 현명한 건가요?

만약 한 달 동안 일해서 번 돈을 한 달 동안 모두 써버린다면,

만약 한 달 동안 투자에 대한 공부에 1시간도 할애하지 않는다면,

만약 한 달 동안 책 1권도 읽지 않는다면,

만약 한 달 동안 경제신문을 한 번도 읽지 않는다면,

농경 사회나 사회주의 국가의 국민들처럼 사는 것입니다.

그러나 우리는 현재 자본주의 사회에서 살고 있습니다.

남들이 깊이 잠든 새벽에 일어나 신문을 돌리고, 낮에 회사에서 일하고, 저녁에 야식배달까지 한다고 해서 부자가 되지 않습니다. 자본주의 사회는 몸으로 일해서 돈을 버는 것이 아니라, 머리로 돈을 벌어야 하기 때문입니다. "일요일도 쉬지 않고 한평생 열심히 일했는데…"라는 말은 필요 없습니다. 세상은 이미 지식 사회가 되었습니다.

자본주의 사회에서 산다는 것은 투자의 파도 속에 살아간다는 것입

니다. 그 속에서 우리는 공부하고 연구하고 기다리고 도전해야 합니다. 결국 자본주의 사회 속에서 투자는 선택이 아니라, 숙명입니다.

아끼고 아껴 모은 목돈이 친구나 친척, 자식, 사기꾼에게 들은 '좋은 투자처가 있다'는 말 한마디에 사라질 수 있습니다. 남에게 속지 말고 바로 내가, 나의 재산을 지키고 늘려야 합니다.

저는 빈부의 격차는 투자지식의 격차라고 생각합니다. 만약 투자에 대해 잘 모르는 사람이 많은 돈을 갖고 있다면, 그 사람을 속여 돈을 빼앗으려는 사람이 반드시 생깁니다. 친척이 될 수도 있고 가까운 친구가 될 수도 있습니다. 그래서 우리는 투자를 배워야 하고, 투자를 해야 합니다.

성공적인 투자자가 되는 4단계

1단계 : 열심히 일하며 연구해서 자기 분야에서 전문가가 된다

지금 하고 있는 일의 분야에서 알아주는 전문가가 되어 경쟁력을 갖춰야 합니다. 이것이야말로 경제적 부요함을 갖춘 이들의 필수 조건입니다.

2단계 : 아끼고 저축한다

아무리 많은 돈을 번다고 해도 이를 모으지 않으면 아무 소용이 없습니다. 부자의 가장 큰 적은 큰 씀씀이입니다.

3단계 : 좋은 수익을 가져오는 안전한 투자처에 투자한다

열심히 일하여 많은 돈을 모았다면 안전하고 좋은 투자처에 '돈'이라는 열매를 맺는 나무를 심어야 합니다. 단 한 번의 투자 실패가 수년간의 노력과 절약을 물거품으로 만들 수 있다는 것을 명심하세요.

4단계 : 이와 같은 과정을 지속적으로 반복한다

투자가 거듭될수록 지식과 지혜는 늘어나게 마련입니다. 따라서 더 높은 수익을 거둘 투자처를 찾을 수 있는 안목과 능력이 생기지만 그럴수록 더욱 안전성을 추구해야 합니다. 성공한 이후를 경계해야 합니다. 성공한 이후 방심한 탓에 잘못된 투자를 할 수 있는 위험이 생기기 때문입니다. 따라서 반드시 자신만의 투자 원칙을 만들고 이를 꼭 지키기 바랍니다.

PART
03

부동산투자의 정석

수요가 많고 공급이 줄어드는 곳에 투자하는 것이
경제 원리상 가장 합리적입니다.
따라서 서민층이 주거하는 부동산에 꾸준히 투자하는 것이
투자의 해법입니다.

감소하는 중산층을
주목하라

전 세계적으로 일어나고 있는 거대한 흐름 중 하나는 중산층의 감소입니다. 어떤 사람들은 이를 두고 양극화 현상이라고 말합니다. 줄어든 중산층이 상류층과 서민층에 흡수됨으로써 양극화된다는 뜻입니다.

지역적인 차이를 고려해야 하겠지만, 쉬운 이해를 위해 단순하게 생각해봅시다. 상류층이 40평대 이상의 주택에 거주하고, 중산층이 20평대 후반~30평대 후반, 서민층이 20평대 이하의 주택에 거주한다고 합시다. 물론 예전에 비해 평수에 대한 의미가 많이 줄어든 것도 사실입니다. 과거에는 50평대 주택에서 살던 사람이 30평대로 이사하면

'집이 망했나?' 하고 생각하는 경향이 있었지만 요즘에는 소형 평수가 더욱 실용적이고 관리하기 편해서 선호하는 사람들이 늘었습니다. 어찌 됐든 이러한 상황은 제쳐두고 쉽게 수요와 공급 측면에서 구분해보고자 합니다.

구분	주거평형	신규 분양(공급)	층의 증감(수요)
상류층	40평대 이상	대부분	소폭의 증가
중산층	20평대 후반~30평대 후반		지속적인 감소
서민층	20평대 이하	적다(거의 없다)	꾸준한 증가

표에서 보는 것과 같이 신규로 공급되는 거의 대부분의 주택은 30평대 중반 이상입니다. 즉 중산층 이상을 위한 아파트가 공급량의 대부분이라는 말입니다. 건설사 입장에서는 분양 평수가 큰 대형 평수의 주택을 분양할수록 수익성이 좋기 때문입니다. 물론, 2015년 말 현재는 2009년에 비해 20평대 주택의 공급이 조금 늘었습니다.

여기서 말하는 대부분의 주택이란 신도시, 뉴타운, 재개발, 재건축, 기타 신규 분양을 말합니다. 한강변의 아파트는 초고층으로 개발되고 있으며 용산을 비롯한 여러 지역에는 앞으로도 상류층을 위한 주택이 공급될 것입니다. 한남동, 위례신도시, 성수, 상암, 마곡, 송도, 강남과 한강변 고층 재건축 아파트 등이 이에 해당합니다. 부자들이 살 만한 곳에는 공급이 엄청나게 늘어납니다. 대한민국의 국민소득이 올라갈

수록 더 많은 부자가 탄생합니다. 그러나 부자들이 늘어나는 속도보다 초고층 빌딩과 고급 주택지의 증가 속도가 훨씬 빠를 것입니다.

최근 통계에 따르면, 서울의 인구는 꾸준히 감소하고 있고 경기도의 인구는 꾸준히 늘고 있습니다. 그렇다면 인구가 감소하고 있는 서울은 더 이상 괜찮은 투자처가 아닌 것일까요? 그렇지 않습니다. 서울의 인구가 줄어들고 있는 것은 대다수의 서민층이 살 수 있는 주택이 계속 줄어들기 때문입니다. 어쩔 수 없이 이들은 수도권으로 밀려나고 있을 뿐, 살기 싫어서 서울을 떠나는 것이 아닙니다.

또 40~50대에 직장에서 퇴사한 이들이 생계형 창업을 할 가능성이 커짐에 따라, 주로 중산층이 보유하고 있는 30평대의 아파트가 매물로 쏟아질 가능성이 있습니다. 이들은 주거 평수를 조금 줄여서 그 차액을 사업 자금으로 활용하기 때문입니다.

부동산투자라고 하면 사람들은 대개 5억 원, 10억 원대 아파트나 엄청난 경쟁률의 신규 분양만을 생각합니다. 그러나 기존의 소형 아파트, 작은 반지하 빌라도 좋은 부동산입니다.

결론을 내립시다. 수요가 많고 공급이 줄어드는 곳에 투자하는 것이 경제 원리상 가장 합리적입니다. 따라서 중산층 이상이 거주하는 주택보다는 서민층이 주거하는 부동산에 꾸준히 투자하는 것이 투자의 해법입니다.

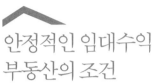

안정적인 임대수익
부동산의 조건

안정적으로 임대수익을 얻고 싶다면 사람들이 어디에 살고 싶어 하는지를 잘 살펴봐야 합니다. 젊은 사람들은 나이가 들면 복잡한 도시를 벗어나 한적하고 자연이 아름다운 시골에서의 전원생활을 꿈꾸지만, 사실 나이가 든 사람일수록 도시에 살기를 원합니다. 각종 의료혜택과 문화혜택을 누릴 수 있고, 대중교통 시설을 쉽게 이용할 수 있기 때문입니다. 미국 노인들의 경우 골프장 인근과 대학교 인근을 선호한다고 합니다. 대학에는 평생교육 시스템이 잘 되어 있고, 더불어 젊은이들이 많으니 활력을 유지할 수 있기 때문이지요.

누군가는 출생률이 크게 줄어듦에 따라 인구감소가 있을 것이기에 부동산 가격이 하락할 것이라고 이야기합니다. 그러나 앞에서 말했듯 출생률뿐 아니라 사망률 또한 감소하고 있기에 인구가 크게 줄지 않을 것으로 보입니다. 결국 노인인구 증가가 주택 선호도의 변화를 가져올 것입니다. 88(팔팔)하게 99세까지 살고 싶은 노인들이 어떤 집을 선호할지 고려해야 하는 이유입니다.

생각해봅시다. 지금 70세인 노인이 있습니다. 그는 인간의 평균수명이 80세라고 하니 10년분의 여유자금을 마련했습니다. 그렇다면 안

심할 수 있을까요? 만에 하나 100세까지 살게 되면 어쩌죠? 아마도 이들은 10년분의 자금으로 30년을 살게 될 위험에 대비하는 마음으로 살 겁니다. 그러니 두 부부가, 혹은 혼자서 40평대 아파트에 살며 비싼 관리비와 유지비를 쓰지 않겠지요. 결국 노인들은 다음과 같은 주택을 선호하게 될 겁니다.

첫째, **도심에 위치한 주택.** 가까이에 병원이 있어야 하고, 각종 편의시설을 이용할 수 있어야 합니다.

둘째, **소형 주택.** 생활비를 줄이는 차원에서 매달 유지비용이 적게 드는 집을 선택할 겁니다. 참고로 관리비와 유지비용이 많이 드는 주택의 순서는 다음과 같습니다. 주상복합아파트>타운 하우스>대형 아파트>소형 아파트>원룸 오피스텔>빌라.

셋째, **지하철 역세권에 위치한 주택.** 노인들에게 있어 지하철은 편하고 안전한 데다 요금이 무료라는 점에서 최고의 교통수단입니다. 따라서 노인들은 어디에서 누구를 만나든 어느 지하철역 몇 번 출구를 약속 장소로 잡을 겁니다.

이와 같은 이유로 저는 소형 아파트와 빌라에 투자하는 것이 좋다고 봅니다. 역세권이라면 더욱 좋습니다. 다만 원룸 오피스텔은 내재가치가 낮기에 투자처로서 적합하지 않습니다.

땅투자의 허와 실

일반적으로 아파트 가격이 2배 오를 때 땅값은 10배 오른다는 이야기가 있습니다. 이러한 이유로 땅에 투자해야 높은 시세차익을 얻을 수 있다고 믿는 이들이 많은 것 같습니다. 그러나 땅투자는 장기투자인 데다 대출이나 전세, 토지 이용료 등의 레버리지를 이용할 수 없다는 것이 특징입니다. 그렇다 보니 큰돈이 오랜 기간 묶여버리게 됩니다. 월세 같은 현금흐름이 전혀 발생되지 않는다는 점이 가장 큰 단점이지요. 땅을 보유하고 있는 동안에는 많지는 않아도 계속 비용이 발생합니다. 만약 대출을 받아서 땅을 매입한 것이라면 무시하지 못할 정도의 액수로 계속 이자를 내야 할 겁니다.

무엇보다 좋은 땅은 거의 매물로 나오지 않습니다. 그럼에도 불구하고 운이 엄청 좋아서 3억 원에 땅을 샀다고 합시다. 10년 후 땅값이 10배 올라서 30억 원이 된다면 수익은 27억 원이 되겠지요. 투자금 대비 9배 오른 겁니다. 한편 매매가 1억 원짜리 아파트를 전세 7,000만 원을 끼고 3,000만 원에 매입했다고 생각해보세요. 투자금 대비 수익이 9배가 되려면 아파트 가격이 3억 원이 되면 됩니다. 처음에 비해 아파트 가격이 3배 오른 것이죠. 그동안 이자도 발생하지 않는 데다 월세로 전환하면 현금흐름까지 만들 수 있습니다.

특히 세금이 엄청 많은 비 업무용 토지에 비해 아파트는 장기 보유하면 세금이 적습니다. 도시의 소형 주거용 부동산을 산다는 것은 안정성과 활용도가 높은 도시의 땅을 사는 것이나 마찬가지입니다. 예를 들어볼까요? 대지지분이 3평인 1억 2,000만 원짜리 오피스텔을 전세 9,000만 원을 끼고 매입했습니다. 오피스텔이 위치한 상업지역의 땅값은 평당 3,000만 원. 이렇게 보면 건물값을 감안하지 않더라도 9,000만 원가치의 땅을 3,000만 원으로 구입한 것이나 다름없게 됩니다. 나의 돈 3,000만 원과 다른 사람의 돈 9,000만 원을 이용하여 9,000만 원짜리 땅을 산 것과 마찬가지인 것이지요.

1가지 더 생각해봅시다. 건설된 지 15년이 된 15평형, 대지지분이 7평인 아파트를 매입했습니다. 그 지역 땅값은 평당 2,000만 원. 그렇다면 1억 4,000만 원 가치의 땅과 건물을 구입한 것입니다. 건물값은 '350만 원(건축비 평당가)×15평/2(건물의 감가상각 기간을 30년으로 볼 때 이미 절반인 15년이 지났으므로)'로 계산하면 나옵니다. 2,625만 원. 이 아파트의 잔존가치는 1억 6,625만 원인 겁니다. 그런데 이 아파트 가격이 1억 원이라면 당연히 투자할 가치기 있겠지요.

구분	계산법	기준 가격
땅값	2,000만 원 X 7평=1억 4,000만 원	1억 6,625만 원
건물값	350만 원 X 15평/2=2,625만 원	

2호선 서울대입구역 인근에는 건축된 지 20년 이상이 된 낡은 오피스텔이 하나 있습니다. 주변에 고층 건물이 없는 상황에서 어떤 건설업체가 대규모 주상복합빌딩을 짓고자 그 지역의 땅과 오피스텔을 함께 매입하려고 할 수도 있습니다. 만약 그렇게 된다면 기존 소형 오피스텔의 주인은 새로 지어진 건물의 더 큰 상가나 새 오피스텔을 받을 수 있겠지요. 언제 가격이 오를지 알 수 없는 지방의 땅보다는 규모가 작더라도 활용도가 큰 도심의 땅을 사는 것이 더욱 안정적이고 높은 수익을 얻을 가능성이 있다는 말입니다.

결국 아파트, 주택, 상가, 오피스텔 등의 부동산을 산다는 것은 땅을 사는 것과 마찬가지입니다. 건설된 지 20년이 된 아파트의 가격이 오른다면, 건물의 가치는 감가상각으로 인해 떨어지고 있음에도 그 아파트의 대지지분 가격이 오르고 있다는 뜻으로 봐야 합니다. 그리고 땅값의 상승 속도는 지방보다 도시가 더욱 빠릅니다.

앞에서 말했듯이 땅투자를 통해서는 현금이 창출되지 않습니다. 다만 주차장, 창고, 비닐하우스 등으로 임대할 수 있고 투자 비용 대비 연간 임대수익률이 8% 이상 나오는 땅이 있다면, 그 땅은 매입해도 좋습니다. 그렇지 않다면 자신의 전 재산을 털어서 땅을 구입한 뒤 10년씩 기다릴 수 있을까 생각해보세요. 쉽지 않은 일입니다. 대출까지 받아서 매입할 경우 매년 이자만 내면서 수년을 기다릴 수 있을까요?

저는 지방에서 큰 가든 식당을 운영하면서 매년 생기는 수익금으로

20년간 꾸준히 식당 인근의 땅을 사서 모으는 사장님 한 분을 알고 있습니다. 그렇게 하면 성공합니다. 장기적으로 본다면 당연히 은행이자를 훨씬 뛰어넘는 가격 상승이 있을 겁니다. 하지만 일반인들에게는 힘든 전략입니다. 부동산 가격의 움직임이 잘 보이지 않기 때문에 참고 기다리기 어렵습니다. 또 땅투자에 대해 제대로 모르고 있는 상태에서 그저 속아서 쓸모없는 땅을 사게 될 위험도 있습니다. 아파트는 비교적 시세를 파악하기 쉽지만 땅의 시세는 조작되기 쉽기 때문이지요. 1평에 1억 원이 넘는 서울의 땅값만 들어온 서울 사람들에겐 평당가가 100만 원, 30만 원인 지방 땅이 얼마나 싸게 느껴지겠습니까? 절대농지나 맹지가 무엇인지 구분도 못 하는 상황에서 말입니다.

결론적으로, 투자처로서의 땅은 투자금이 많이 들고, 팔고 싶어도 잘 팔리지 않아서 원금 회수가 어려우며, 보유 기간 동안 현금흐름이 발생하지 않는다는 단점을 미리 알고 있어야 합니다. 그래서 저는 지방의 땅보다 도심의 소형 주거용 부동산이 더 유리하다고 생각합니다.

상가투자는 위험하다

임대사업이라고 하면 바로 상가를 떠올리는 사람이 많습니다. 그런데 주변을 한번 둘러보십시오. 현재 엄청난 수의 자영업자들이 폐업을 하고 있는 상황입니다. 그런데도 향후 기업들의 대규모 감원이 이루어지면 직장인들이 자영업을 하기 위해 상가를 구할 테니 상가투자가 유망하다고 말하는 사람들이 있습니다.

과연 그럴까요? 월세를 받기 위해서는 임차인이 적정한 수익을 올려야 합니다. 적자가 나는 상황에서는 월세를 제때 낼 수 없으니까요. 불경기로 장사가 잘 안 돼서 기존의 임차인이 나가면 새로운 임차인을 구하기도 힘듭니다. 공실 기간이 길어지면 부동산 중개사는 임대료를 낮추라고 합니다. 그래서 새로운 임차인을 구할 때마다 보증금과 월세가 이전보다 줄어드는 상황이 생깁니다.

우리나라의 경우 자영업자의 비율이 선진국의 2배입니다. 그만큼 경쟁자가 많다는 겁니다. 서울은 물론 지방의 신도시는 배후 세대 수에 비해 상가가 지나치게 많은 편입니다. 특히 안산 중앙역 남부지역에는 엄청나게 많은 상가가 들어와서 1층 상가도 공실이 많습니다. 이곳 자영업자 모두가 어려운 상황이지요.

게다가 급속도로 늘어나버린 대형마트로 인해 일반 상권이 죽고 있습니다. 요즘 마트에는 없는 물건이 없고 팔지 않는 음식이 없을 정도니까요. 이 현상은 앞으로도 지속될 것입니다.

더불어 코엑스 지하상가 같은 초대형 복합상가가 서울과 경기도 도처에 많이 생겨났습니다. 과연 일반 상가들이 이들과 경쟁해서 살아남을 수 있을까요? 상가는 한번 상권이 이동하면 회복되는 것이 무척 어렵다는 특징이 있습니다. 더불어 인터넷 쇼핑몰과 홈쇼핑도 일반 상가들의 입지를 좁히는 데 한몫하고 있습니다. 월세와 인건비가 발생하는 일반 상가들은 이러한 비용이 들지 않는 인터넷 쇼핑몰과 홈쇼핑에 비해 경쟁력이 약할 수밖에 없지요.

상가를 분양하는 업체들은 종종 최고의 입지와 얼마의 월 수익을 보장한다면서 과장 광고를 합니다. 상가 분양업체는 분양이 목적이기 때문입니다. 최고의 입지라고 해도 보증금과 월세가 비싸다면 세입자를 구하기 어렵습니다. 실제 그들이 보장하는 월세가 지금 당장은 나온다 해도 3~4년 후까지 가능할지는 모르는 일입니다. 상가 분양을 위해 지출하는 화려한 광고비와 영업사원의 인건비가 분양가에서 나가고 있습니다.

생각해볼까요? 만약 6억 원짜리 상가를 3억 원 대출을 받아서 매입했다고 합시다. 대출이자를 7%로 계산해도 연간 2,100만 원, 매달 175만 원의 이자가 발생합니다. 보증금 1억 원에 임차인을 구한다면 실제 투자금은 2억 원이 되겠지요. 기대수익률이 8%라면, 연간 1,600만 원, 매달 133만 원의 수익이 나와야 합니다. 즉 이 모두를 감안해 계산하면 대출이자 175만 원과 투자금 대비 수익으로 133만 원을 합한 308만 원의 월세를 받아야 그나마 손해보지 않는 투자를 한 셈이죠.

그런데 그 동네 비슷한 입지의 임대시세가 보증금 1억 원에 월세 200만 원이라면 어떻게 될까요? 대출이자를 내고 나면 25만 원이 남는 겁니다. 그러면 2억 원을 투자해서 연간 300만 원의 수익을 올리는 것이기에 수익률은 1.5%(300만 원/2억 원×100)입니다. 물가상승률을 생각하면 사실상 마이너스 수익률이죠.

시세가 보증금 8,000만 원에 월세 150만 원이라면 상황은 더욱 나빠집니다. 실제 투자금은 2억 2,000만 원이 되고 매달 25만 원의 마이너스 현금흐름이 생기니까요.

최악의 상황은 공급이 넘쳐서 아예 세가 나가지 않는 겁니다. 이렇게 되면 상가를 팔려고 내놓아도 잘 팔리지 않아 투자금 3억 원을 회수하지 못하는 것은 물론, 대출금 3억 원에 대한 대출이자 175만 원과 몇십만 원의 비싼 관리비 역시 점포주가 매달 감당해야 합니다. 굉장한 리스크이지요.

절대 이러한 투자를 해서는 안 됩니다. 몇 년 후 보증금 1억 원에 300만 원 이상의 월세를 받을 가능성도 없지는 않겠지요. 그러나 투자란 그런 낮은 확률에 돈을 거는 것이 아닙니다. 물가상승률을 훨씬 상회하는 수익률이 확실히 보장되는 곳에 투자해야 합니다.

이처럼 상가투자에는 많은 위험요소가 도사리고 있습니다. 따라서 투자하기 전 반드시 전문가와 상담해보길 바랍니다. 또 상가투자를 꼭 하고 싶다면 사거리에 위치한 1층 코너 상가 정도가 좋습니다. 어디서나 눈에 잘 띄며 희소성이 있기 때문입니다. 수많은 상가가 있는 건물에서도 이런 점포는 딱 4곳뿐이지요. 그렇다고 해도 반드시 실제 투자금에 대한 수익률을 먼저 계산해보고 안전한 수익이 가능할 때만 투자하기 바랍니다.

반드시 알아야 할 수익률

수익률은 투자의 성패를 가르는 가장 중요하고 기본적인 가치 척도입니다. 예를 들어, 1억 원어치 주식을 샀는데 가격이 1억 2,000만 원으로 올라 매도했습니다. 그렇다면 수익률이 20%(2,000만 원/1억 원×100)일까요? 아닙니다. 중요한 것이 빠졌습니다. 투자 기간 말입니다. 수익을 4개월 만에 거둔 것인지, 12개월, 혹은 24개월 만에 거둔 것인지를 따져보아야 합니다. 그래서 수익률을 계산할 때는 반드시 '연수익률'로 계산해야 합니다. 연수익률로 한번 환산해볼까요?

투자 내역	투자 기간	연수익률(계산식)
1억 원에서 1억 2,000만 원으로 상승함	4개월	60%(2,000만 원/1억 원×100)×(12/4)
	12개월	20%(2,000만 원/1억 원×100)×(12/12)
	24개월	10%(2,000만 원/1억 원×100)×(12/24)

투자 기간이 4개월이었다면, 연수익률은 60%(20%×3턴) 이상입니

다. 12개월이었다면 당연히 20%, 24개월이었다면 10%(20%×1/2)입니다. 엄청난 차이가 있지요.

수년 전에는 경매로 1건 낙찰받아서 명도한 후 매도하는 데 대략 4개월이 걸리는데, 평균 수익률이 30%였다고 합니다. 그래서 한 고수는 1년에 30% 수익률 3턴이 가능했다고 말했습니다. 즉 1년에 1억 원으로 1억 3,000만 원, 1억 7,000만 원, 2억 2,000만 원을 만든 것입니다. 무시무시합니다. 경매 물건이 금액에 맞춰서 딱 나오는 것이 아니라는 것을 감안한다 해도 1년에 투자금의 2배를 얻는 겁니다. 5년 후엔 16억 원!(1억-2억-4억-8억-16억…).

연평균 수익률 24~27%를 낸 워런 버핏과 비교도 안 될 정도입니다. 물론 그렇게 할 수 있었던 시기는 불과 1~2년 정도였을 겁니다. 결론적으로 수익률 계산 공식은 다음과 같습니다.

수익률＝1년간의 현금흐름/총 투자금×100

문제를 내볼까요? 매월 50만 원의 현금흐름을 창출하는 자산의 매매가가 1억 원이라면 수익률은 얼마일까요? 6%(50만 원×12개월/1억 원×100)입니다. 다만 6%의 수익률은 은행 정기예금 금리가 3% 이하일 때만 투자가치가 있습니다. 정기예금은 언제든 현금으로 바꿀 수 있고 신경 쓸 일이 없지만 부동산은 현금화하는 데 시간이 걸리고 세입자 관리 및 재산세 납부 등 신경 쓸 부분이 많기 때문입니다. 그래서 저는 은행 정기예금보다 2배 이상의 수익률이 보장될 때 투자하라고 권합니다.

그럼 반대로 1년에 600만 원의 현금흐름을 창출하는 재화의 가치를 6%의 수익률로 환산하면 얼마가 될까요? 600만 원/0.06＝1억 원. 4%로 환산하면 1억 5,000만 원(600만 원/0.04)이고, 8%로 환산하면 7,500만 원(600만 원/0.08)입니다.

이처럼 나의 기대 수익률 혹은 그 시대의 평균 수익률과 평균 연소득을 알면, 어떤 재화이든 그 가치를 평가할 수 있습니다.

어떤 경매학원 이야기

어느 경매학원에서 유치권의 수익률이 엄청나다는 광고를 합니다. 많은 수강생을 모아두고 한 강사가 나와서 이렇게 말합니다.

"요즘에는 경매로 집을 사봤자 급매보다 비싸게 사는 경우가 많습니다. 그러니 돈도 얼마 되지 않는 일반 물건에 투자하지 마세요. 저는 이렇게 무시무시한 유치권을 깨고 엄청난 수익을 올렸습니다. 물론 유치권이라는 게 만만치 않습니다. 제가 실제로 낙찰을 받아서 유치권을 깨는 걸 보여드릴 테니 보면서 배우세요. 자, 그럼 공동 투자자를 모집하겠습니다. 수익이 투자금 2배 정도는 날 겁니다. 투자증서도 써 드리겠습니다!"

사실, 투자증서라는 건 손실을 각오하는 것이기에 차용증보다도 효력이 없습니다. 그런데도 순진한 수강생들은 강사만 믿고 돈을 내기 시작합니다. 1,000만 원, 3,000만 원, 5,000만 원, 1억…!

그중에는 누군가의 퇴직금도 있습니다. 아내 몰래 대출받은 돈도 있습니다. 물론 마지막 남은 종잣돈도 있습니다.

그렇게 시간이 흐릅니다. 또 시간이 흐릅니다. 한 해가 지나갑니다. 또 한 해가 지나갑니다. 아무 소식이 없습니다. 학원을 그만둘 수도 없습니다. 투자를 한 수강생들은 매달 꼬박꼬박 수강료를 납부합니다.

그 사이 시간은 계속 흘러갑니다. 가진 돈의 대부분을 거기에 부었으니 다른 투자처에 투자하지도 못합니다. 참고 또 참고 참다가 용기를 내어 물어봅니다. 자존심을 누르며 묻습니다.

"저… 선생님. 유치권… 아직 해결 안 되었나요?"

"그 쪽에서 또 항소했습니다. 유치권이라는 게 그리 금방 끝나는 게 아닙니다. 그것도 모르십니까? 아무튼 곧 마무리됩니다!"

한 수강생은 집안일 때문이 급하게 돈이 필요하니 원금만이라도 돌려달라고 이야기합니다. 강사는 수익이 나지 않아 뭐라고 할 말이 없다면서 원금을 돌려줍니다. 그냥 원금만 돌려줍니다. 1년, 혹은 2년이 훨씬 지났는데도 딱 원금만 돌려주는 겁니다(사실, 돌려주지 않는 경우도 많습니다). 원금을 돌려줄 수 있는 것은 새로 등록한 학생들에게서 또 투자금을 받기 때문입니다.

은행에서 대출을 받으면 이자를 내야 하지만 학생들에게서 받은 투자금에 대해서는 이자를 내지 않아도 되니 얼마나 좋습니까? 결국 5,000만 원을 투자하고 2년 넘게 기다린 투자자들에게 강사는 모든 비용을 공제한 후 원금과 몇백 만 원의 수익을 줍니다(그렇게 해오던 한 학원장이 최근 잠적했습니다).

투자 기간이 2년이 넘으므로 연수익은 받은 몇백 만 원의 절반 이하입니다. 그동안 경매가 아니더라도 일반 매매로 소형 아파트를 매입했다면 투자금 대비 80~100% 올랐을 겁니다. 전세를 끼고 매입했다면 투자금 대비 3~4배 수익도 가능합니다.

고가의 부동산≠높은 수익률

강남의 10억 원짜리 중형 아파트를 전세 3억 원을 끼고 1채 매입했다면 실제 투자금은 7억 원입니다. 전세 7,000만 원을 긴 채로 강북의 1억 원짜리 소형 아파트를 10채 매입했다면 실제 투자금은 3억 원입니다.

똑같이 10익 원어치(?)의 아파트이지만, 두사금 내비 2배의 수익을 얻으려면 10억짜리 아파트는 17억 원이 되어야 하고, 1억짜리 아파트는 1억 3,000만 원이 되면 됩니다. 그렇다면 생각해봅시다. 10억 원짜리 아파트가 17억 원이 되는 것과 1억 원짜리 아파트가 1억 3,000만 원이 되는 것 중 어느 편이 더 쉬울까요?

강남의 중형 vs. 강북의 소형	투자금	실제 투자금 대비 2배의 수익
매매 10억 원, 전세 3억 원 아파트	7억 원	17억 원(매입가 대비 70% 상승)
매매 1억 원, 전세 7,000만 원 아파트	3,000만 원	1억 3,000만 원(매입가 대비 30% 상승)

후자입니다. 결국 매입가 대비 전세가가 높아서 실제 투자금이 적어질수록 소폭의 가격 상승에도 높은 수익을 얻을 수 있으니까요.

결론을 내려봅시다. 첫째, 수익률은 반드시 연 단위로 계산하세요. 둘째, 투자금이 적을수록 수익률이 높아집니다.

그리고 다음을 꼭 기억하시기 바랍니다.

첫째, **비정상적으로 높은 수익률을 보장하는 사람은 바보이거나 사기꾼이다.**

둘째, **공동투자는 절대 하지 마라.** 친한 친구와 공동으로 투자해도 3명이 넘어가면 매도 시기 때문에 싸우게 됩니다. 지금 당장 팔아서 수익을 나누자는 사람과 더 두었다가 가격이 오른 후에 팔자는 사람의 의견이 대립하기 때문입니다. 결국 돈이 급한 사람은 투자 원금만 받고 빠지게 됩니다.

셋째, **투자는 작은 액수로 시작한다.** 실제 투자금 1,000만 원 이하에서부터 시작해 점차 경험을 쌓아가며 투자 액수를 조금씩 늘려가는 것이 좋습니다.

금리와
부동산

투자를 할 때 가장 유의해야 할 부분이 바로 금리입니다. 부동산투자에 가장 큰 영향을 미치는 것도 금리이죠. 참여정부 당시 수많은 부동산 대책이 큰 효과를 보지 못했습니다. 가장 큰 이유는 저금리 때문입니다. 금리를 올리면 부동산 가격의 폭등을 잡을 수 있다는 것을 알고 있음에도 당장 금리를 올리면 경기가 어려워질 수 있기에 마음대로 금리를 올릴 수 없었던 것이지요.

2007년 10~11월에는 은행에 1년 만기 정기예금의 금리가 8.5%였습니다. 2009년 3월엔 3%대 이자를 지급했습니다. 그리고 2015년 말 현재는 각종 우대 및 혜택을 받는다고 해도 최고 1.9%입니다. 8~9년 만의 변동폭이 매우 큽니다. 앞으로도 저금리는 지속될 것으로 보입니다. 우리나라 역시 거의 선진국 반열에 올랐고 경제성장률이 매우 둔화되어 저성장 국면에 진입했기 때문입니다.

결국 수익형 부동산의 가격이 오를 수밖에 없는 상황입니다. 2007년과 같은 고금리 시대에는 월세 수익률이 8%라고 해도 거들떠보지 않았습니다. 은행에 돈을 넣어만 둬도 쉽게 8%대의 수익을 얻을 수 있는데, 굳이 세입자를 관리해야 하고 환금성도 좋지 않은 데다 재산세 등 각종 세금 부담이 있는 부동산에 투자할 이유가 무엇이겠습니까?

게다가 경기 하락에 따른 매매가 하락이라는 위험도 감수해야 하는데 말입니다.

일반적으로 부동산투자 수익률은 정기예금 금리의 2배가 되어야 합니다. 이에 따라 2007년에는 연간 17% 이상의 현금 수익이 발생해야 그 부동산에 투자할 가치가 있다고 판단했습니다. 그런데 금리가 낮아지면 상황은 달라집니다. 금리가 떨어지면 사람들은 은행에 돈을 넣어두는 것이 손해라고 여깁니다. 따라서 1%라도 더 높은 금리를 제공하는 은행을 찾거나 수익이 날 만한 투자처를 찾게 됩니다. 이러한 이유로 은행 금리보다 조금이라도 높은 수익률이 나오는 곳으로 돈이 흘러가게 되는 겁니다.

2015년 말 현재, 정기예금 금리가 2%인 상황에서 4%의 월세가 나오는 부동산은 훌륭한 투자처가 될 수 있습니다(물론, 저는 4% 수익의 투자처에는 투자하지 않습니다). 또한 투자처를 결정할 때는 수익률뿐 아니라 희소성과 향후 그 지역의 발전 가능성도 함께 따져봐야 합니다(포드 자동차회사가 망하자 디트로이트의 부동산 가격이 폭락했습니다).

어떤 사람들은 경기가 좋지 않을 때는 투자하면 안 된다고 합니다. 그러나 시장은 1만 원을 가진 1,000명이 아닌, 100만 원을 가진 10명이 움직입니다. 1998년 IMF 당시뿐 아니라 IMF가 지난 2000년대 초반에도 경기는 좋지 않았습니다. 수많은 자영업자가 폐업을 했지요. 그러나 2001~2002년부터 부동산 가격은 상승하기 시작했습니다. 이게 무엇을 의미할까요? 경기와 부동산은 연관성이 크지 않습니다. 오히려 모두가 경기가 좋지 않다고 말할 때가 저렴한 매물들이 많이 나오는 매입의 적기입니다.

세계적인 투자의 귀재라 불리는 짐 로저스Jim Rogers는 이렇게 말했습니다. "나는 군중에서 벗어났을 때 큰돈을 벌었다." 부자가 되려면 대중과 다른 길을 걸어야 한다는 뜻입니다.

2007년 언론과 대중은 어떤 길을 걸었을까요? "강남에 집을 사지 않으면 바보다. 펀드를 모르고, 적금만 하고 있으면 바보다!"라고 말했습니다. 2009년에는 "현금 보유가 최고다. 무조건 현금을 보유하라. 지금은 경기가 바닥을 향해 가고 있다. 이런 현상은 장기간 지속될 것이다. 앞이 안 보일 정도다!"라고 말했습니다.

2015년 말 현재, 우리나라의 상황은 어떻습니까? 은행의 예금과 대출이자가 계속 인하되었습니다. 세계 경제는 더욱 불안해지고 있으며, 중국의 저성장으로 한국의 수출 또한 타격을 입고 있습니다.

결국, 우리나라 역시 세계적인 초저금리 기류를 따라갈 수밖에 없습니다. 이자생활자와 현금보유자에게는 최익의 시대가 도래한 것입니다. 또한 세계적인 경제위기로 언제 금리가 폭등할지 모릅니다. 지속적인 저금리와 경제위기로 인한 일시적인 고금리를 견딜 수 있는 방법은 월세를 받는 것입니다. 이러한 이유로 대출을 받지 않고 전세가율이 높고 임대가 잘나가는 지역의 소형 주거용 부동산을 매입하여 월세로 전환하는 투자 방식이 돈 걱정 없는 노후를 위한 현명한 해결책이 될 수 있습니다.

8년간의 대출금리 변화

2007년부터 2015년 말 현재 대출금리는 어떻게 변화했을까요? 이 시기 동안 ○○은행 부동산 대출금리 변화는 다음과 같습니다.

■ 주택 담보 대출 기준 3개월 변동금리

연도	월	이율(%)	연도	월	이율(%)
2007년	8월	5.49	2012년	2월	4.05
	11월	5.83		5월	4.03
2008년	2월	6.38		8월	3.51
	5월	5.89		11월	3.51
	8월	5.93	2013년	2월	3.35
	11월	* 6.46		5월	3.29
2009년	2월	3.94		8월	3.18
	5월	2.92		11월	3.15
	8월	2.90	2014년	2월	3.14
	11월	3.29		5월	3.14
2010년	2월	3.37		8월	3.14
	5월	3.03		11월	2.79
	8월	3.01	2015년	2월	2.62
	11월	3.15		5월	** 2.31
2011년	2월	3.29		8월	2.00
	5월	3.88		11월	2.00
	8월	4.08	*최고치 리먼 사태		
	11월	4.07	**최저치		

물론 부동산 대출금리는 '기준금리＋@'로 개인의 신용도에 따라 차이가 있습니다. 그럼에도 이 자료를 통해 8년간 금리가 어떻게 바뀌었는지 가늠해볼 수 있을 겁니다. 금리가 가장 높았던 때는 2008년 11월 리먼 사태가 발생했던 시기입니다. 세계적인 금융위기가 오면 금리가 오르고 그 이후 지속적으로 하락하는 것이 일반적입니다. 일본의 경우 현재 제로금리이며, 우리나라의 제2 금융권 정도 은행의 예금이자가 0.7%입니다. 물론 미국이 금리를 올리면 다시 오를 수 있습니다. 세계적인 불황으로 미국이 금리를 내리고는 있지만 조만간 금리를 올릴 가능성이 있습니다.

보증금과 월세

2000년도에는 보증금 1,000만 원을 월세 20만 원 정도로 계산했습니다. 이는 만약 보증금 5,000만 원에 월세 50만 원인 주택에 들어올 세입자가 보증금을 1,000만 원 깎아서 4,000만 원을 건다면, 월세 70만 원을 내야 했다는 말입니다. 그런데 2008년에는 보증금 1,000만 원을 월세 10만 원으로, 2015년 말에는 보증금 1,000만 원을 월세 3만~5만 원으로 계산하게 됐습니다. 결국 같은 주택에 보증금을 4,000만 원 건다면, 2000년에는 월세 70만 원, 2008년에는 월세 60만 원, 2015년 말에는 월세 53만~55만 원을 내야 한다는 겁니다. 왜 이런 차이가 생겨난 걸까요? 바로 낮아진 금리가 월세에 반영되기 때문입니다.

수요와 공급

      수요와 공급은 경제의 기본 요소이며, 가격과 밀접한 관련이 있습니다. 쉽게 말해, 수요가 늘면 가격이 상승하고 수요가 줄면 가격이 하락합니다. 공급이 늘면 가격이 하락하고 공급이 줄면 가격이 상승합니다. 그렇다면 부동산 가격에 영향을 미치는 수요와 공급은 어떠한 요인에 또 영향을 받을까요? 먼저 수요를 증가시키는 요인을 살펴봅시다.

수요 증가 요인

    '1인 가구의 증가'는 향후 부동산 시장에 매우 큰 변화를 가져올 것입니다. 1980~1990년대에만 해도 30~40평대 아파트에 할머니와 아빠, 엄마, 아들, 딸, 이렇게 5명이 살았습니다. 그러나 이제는 할머니가 며느리와 함께 살기를 원하지 않습니다. 며느리와 함께 살게 되리라 기대하지도 않습니다. 며느리 역시 마찬가지입니다. 시어머니가 먼저 그렇게 말해준다면 감사할 따름이지요.

    최근 제가 임대한 소형 아파트 중 상당수는 딸이나 아들이 자신의 부모를 위해 마련하는 것이었습니다. 결혼한 자녀가 자신이 거주하는 아파트 인근에 부모님 혹은 아버지나 어머니 중 한 분이 거주할 수 있는 소형 아파트를 찾는 것입니다. 아들은 20세만 넘으면 오피스텔이든 원룸이든 상관없이 독립하길 원합니다. 딸 또한 가능하면 직장이나 학교 근처의 주택에 홀로 독립해서 살기를 바랍니다. 야근이 잦은 아버지가 직장 근처에 오피스텔을 얻는 경우도 있습니다. 서울대입구역 주변의 오피스텔은 월세와 관리비를 합하면 매월 100만 원 가까운 비용이 발생하는데도 수요가 끊이지 않습니다. 오피스텔에 거주하는 이들 중 대부분은 직장인이지만, 그중에는 강남에 사는 여유로운 부모가 주중에 자녀가 사용하면서 편하게 공부할 수 있도록 집을 얻어주는 경우도 있습니다.

결국 5명의 가족에게 4~5채의 집이 필요한 시대로 변해가고 있습니다. 만혼의 증가도 수요 증가에 한몫합니다. 결혼을 하지 않은 3, 40대들은 부모와 함께 사는 것을 부담스러워하기 때문이지요. 이혼율의 증가 역시 수요를 늘리고 있으며, 인간 수명의 증가는 1인 가구 증가에 기여하는 바가 큽니다.

1인 가구가 늘면서 사람들이 선호하는 부동산의 주거 규모에도 변화가 생겼습니다 예전에는 5명의 가족이 한 집에 살았습니다. 그래서 방이 여러 개인 대형 평수를 선호했지요. 그러나 1인 가구의 증가로 5인 가족에게 4채 정도의 집이 필요해지면서 원룸이나 방 2개 정도의 소형 평수에 대한 선호도가 올라갔습니다.

시기	가족 구성원	필요 주택 수
과거	5명 (조부 혹은 조모, 부, 모, 자녀1, 자녀2)	1채
미래		4채(조모, 부부, 자녀 1, 자녀 2)

　도시로 인구가 집중되는 '도시화' 현상 또한 전 세계적인 흐름입니다. 이는 일자리와 밀접한 관련이 있습니다. 많은 사람들이 도시로 몰려듭니다. 지방 출신의 학생이 서울에서 대학을 나오면 직장 문제로 인해 서울이나 인근 수도권에 주거할 곳을 찾아 자리 잡는 경우가 많습니다. 경상도, 강원도, 전라도의 인구는 지속적으로 줄어들고 있습니다. 지방에서 줄어든 인구만큼 수도권 인구는 늘어나게 마련입니다. 지방에서도 그 지역의 중심 대도시로 인구가 몰려듭니다. 교육과 직장 때문이지요. 결국 시골에는 노인만 남고 젊은이들은 도시로 이동합니다. 따라서 전반적으로 우리나라의 인구가 줄어든다고 해도 대도시의 인구수는 줄지 않을 것입니다. 물론 지방의 읍, 면, 리의 인구는 지속적으로 줄어들겠지요.

　앞서 설명했듯 '중산층의 감소' 역시 수요 증가에 영향을 미칩니다. 퇴직 연령은 빨라지는데 자영업자는 점점 경쟁력을 잃고 있습니다. 결국 퇴직 시기를 앞두고 집 1채와 여유자금을 가지고 있던 중산층의 수입이 감소하게 되면, 이들은 유지비가 많이 드는 대형 아파트보다 유지비가 적게 드는 소형 아파트를 선호하게 됩니다. 지난 10년간 중산층은 10% 감소한 데 비해, 극빈층은 7% 증가했다고 합니다. 이처럼 중산층의 감소는 서민층의 증가로 이어졌습니다.

다음으로 공급을 감소시키는 요인도 찾아봅시다.

공급 감소 요인

건설사들은 주로 30평대 이상의 아파트를 분양합니다. 이들의 목적이 이윤 추구이기 때문입니다. 25평 이하의 소형 평수 아파트를 지으면 수익이 적습니다. 간단히 생각해봅시다. 25평짜리 아파트 2채 짓는 것과 50평짜리 아파트 1채 짓는 것 중 어느 쪽이 건축비가 더 쌀까요? 50평대 아파트의 건축비가 더 쌉니다. 그런데도 모델하우스에 가 보면 대형 평수의 평당 분양가가 훨씬 비싸다는 걸 알 수 있습니다. 고급 마감재를 사용했다는 이유를 들기는 하지만 분양가에서 자재비가 차지하는 부분이 그렇게 클 리 없습니다. 어찌 됐든 건설사는 수익 창출을 극대화하기 위해 중·대형 평수의 분양을 선호합니다. 실제 2008년 전후, 용인에 많은 물량의 대형 아파트가 비싸게 분양되면서 사회 문제가 되기도 했습니다. 결국 소형 아파트의 신규 분양이 늘지 않는 한 공급은 줄어들게 되지요.

최근 통계에 따르면, 서울의 인구는 줄고 경기도의 인구가 늘고 있다고 합니다. 서울이 살기 불편하고 경기도의 주거환경이 더 좋아서 그런 걸까요? 아닙니다. 재개발과 재건축, 뉴타운 등의 여파로 서민들이 살 수 있는 소형 빌라와 아파트가 사라지고 있기 때문입니다.

소형 빌라에 거주하면서 유지비로 한 달에 10만 원을 내던 사람이 추가 부담금의 이자와 새 아파트 관리비를 감당할 수 있을까요? 신규 아파트가 들어서면 상가가 새로 형성되기에 물가 역시 올라가게 마련입니다. 이것 역시 부담이 되겠지요.

결론을 내봅시다. 1인 가구의 증가, 도시화, 고령화, 중산층의 감소는 우리나라뿐 아니라 세계적인 추세입니다. 이렇게 소형 아파트에 대한 수요는 증가하고 있는데, 소형 아파트의 공급은 급감하고 있으며 기존 소형 주택의 재개발로 인한 소형 주거공간이 멸실되어가고 있습니다. 이때 우리는 무엇을 해야 할까요? <u>주거용 소형 주택에 투자해야 합니다.</u>

전세가는 투자의 척도

전세 제도는 전 세계에서 우리나라에만 있는 부동산 임대 방식입니다. 전세가는 현재 그 부동산의 사용가치라고 보면 됩니다. 또 매매가는 향후 이 부동산의 가격이 얼마까지 오를 거라는 기대심리가 반영된 미래가치라고 할 수 있습니다. 아파트의 가격은 강남을 중심으로 상대적으로 가격의 등락이 반복됩니다. 전세가는 매매가의 50% 정도여야 정상인 것 같습니다. 보증금 1,000만 원을 월세 10만 원으로 계산할 때 보증금 1,000만 원에 월세 50만 원인 아파트의 전세가는 6,000만 원 정도로 봅니다. 그렇다면 어떤 경우에 부동산의 가격이 비정상적이라고 볼 수 있을까요?

첫째, 매매가 대비 전세가가 70%가 넘는 부동산.

둘째, 매매가 대비 전세가가 30% 이하인 부동산.

이 두 부동산의 가격은 향후 어떻게 변화될까요? 전세가율이 낮은 아파트의 경우 전세가가 올라가든지 매매가가 내려갑니다. 저는 매매가가 내려갈 가능성이 크다고 생각합니다. 용인, 분당, 강남의 아파트가 그랬습니다. 전세가율이 높은 아파트는 전세가가 내려가든지 매매가가 올라갑니다. 저는 매매가가 오를 가능성이 크다고 생각합니다. 예전에는 강북, 광명, 인천, 산본, 수원 등이 그랬습니다. 사실 요즘은 이런 부동산을 찾기 쉽지 않지요.

결론적으로, 전세가율이 높은 아파트가 투자가치가 높습니다. 왜 그럴까요?

첫째, 전세가율이 높을 경우 실제 투자금이 적게 듭니다. 매매가 1억 원짜리 아파트의 전세가가 7,000만 원이라면 실제 투자금은 3,000만 원입니다(세금과 거래 비용은 제외). 이 아파트의 매매가가 30%만 상승해도 실제 투자금 대비 100%의 가격 상승이 일어납니다. 다만, 같은 상승률이라고 해도 앞서 소개했듯 10억 원짜리 아파트보다는 1억 원짜리 아파트의 가격 상승이 더 쉽습니다.

둘째, 전세가율이 높다는 것은 임대가 잘나간다는 방증입니다. 투자용으로 주택을 매입할 때 가장 중요하게 봐야 할 것은 바로 임대가 잘나가야 한다는 것입니다.

다만, 2015년 말 현재 부동산 시장에 새로운 요인이 등장했습니다. 은행의 전세자금 대출이라는 겁니다. 2009년 당시에는 전세자금 대출이라는 것이 많지 않았지만 이제는 매우 흔한 것이 되었습니다. 보증금 1억 원을 월세로 환산하면 지역마다 편차는 있겠지만, 월세 60~70만 원입니다. 그런데 전세자금 마련을 위해 연 3% 금리로 1억 원을 대출받으면 월 이자가 25만 원(300만 원/12개월)이 됩니다. 매월 35만~45만 원이라는 큰 차이가 생기는 겁니다. 이렇다 보니 임차인들은 전세자금 대출을 받아서 전세를 살려고 합니다. 반면 임대인은 저금리 탓에 전세 대신 보다 높은 수익을 가져오는 월세를 받길 원하지요. 이러한 변화가 자연스럽게 전세 품귀 현상을 부추겼습니다. 전세를 거두어 월세로 바꾸고 싶어 하는 임대인들과 전세를 원하는 임차인들의 수요가 늘어난 탓입니다. 결국 이 때문에 비정상적으로 전세금이 올랐습니다.

그래서 저는 2015년 말 현재의 아파트 전세가는 실제 가치에 비해 많이 높은 상황이라고 봅니다. 따라서 앞으로 투자자 입장에서는 전세가 아닌 월세로 임대 방식을 전환할 필요가 있습니다.

대출의 위험

부동산투자를 위해 여러 금융권에서 대출을 받는 것은 매우 위험합니다. 꼭 대출을 받아야 한다면 단 1건 이하로 받으세요.

경매투자를 할 때 경락잔금 대출을 이용하면 일반 매매 방식으로 부동산을 매입할 때보다 더 많은 돈을 대출받을 수 있습니다. 아파트의 경우 70%, 오피스텔의 경우는 80%까지 대출받을 수 있지요. 예를 들어 봅시다. 매매가 9,000만 원, 전세가 6,500만 원인 오피스텔이 경매로 나왔습니다. 이 오피스텔을 8,000만 원에 낙찰받는다면, 경락잔금 대출로 6,400만 원(8,000만 원×80%)을 받을 수 있습니다. 이때 대출이자율이 8%일 경우 연간 512민 원의 이자가 발생합니다. 민약 이 오피스텔을 임대해 임차인으로부터 보증금 500만 원에 월세 60만 원을 받게 된다고 합시다. 수입은 720만 원이 됩니다(60만 원×12개월). 그럼 연 순이익은 208만 원(720만 원-512만 원)이 되겠지요. 실제 투자금이 1,100만 원(8,000만 원-6,400만 원-500만 원)이므로, 연간 수익률은

18%(208만 원/1,100만 원×100%)입니다. 18%면 놀라운 수익률이죠. 이는 현재 정기 예금금리의 9배에 달합니다. 이러한 방식으로 10채에 투자한다면 연간 2,080만 원의 수입이 발생합니다.

■ 오피스텔 1곳의 투자 내역

(단위 : 만 원)

낙찰가	경락잔금 대출	보증금	월세(연간)	실투금	8%이자(연간)	순익(연간)
8,000	6,400	500	60(720)	1,100	43(512)	17(208)

* 단, 취득세를 비롯한 기타 비용은 계산에서 제외함

그런데 생각해야 할 것이 있습니다. 경기가 어려워질 때는 월세로 주거하는 계층이 가장 취약하다는 것입니다. 결국 오피스텔 임차인 중 월세를 내지 못하는 가구가 5곳 정도 된다면 연간 수입이 3,600만 원(60만 원×12개월×5가구)으로 줄어듭니다. 그렇게 되면 연간 지급해야 할 이자 5,120만 원 중 1,520만 원이 부족하게 됩니다(거기에 임차인이 관리비까지 내지 않는다면 불과 6개월이면 보증금까지 모두 사라집니다).

은행은 이자가 들어오지 않으면 경매를 진행합니다. 결국 임대인은 견디지 못하고 소유한 오피스텔을 매물로 내놓게 되겠지요. 그런데 아무리 싸게 내놓아도 팔리지 않습니다. 월세가 들어오지 않는 부동산을 사겠다는 사람이 어디에 있겠습니까? 결국 오피스텔 10채를 가지고 있으면서도 파산하게 됩니다.

물론, 보증금을 많이 (1,000만 원 이상) 받으면 월세 미납에 대한 보호막이 될 수 있습니다. 그러나 대출금이 6,400만 원이라면 등기부등본 상의 채권 최고액은 1.3배인 8,320만 원입니다. 이처럼 시세와 거의 차이가 없기 때문에 보증금 500만 원을 내겠다는 세입자밖에 구할 수 없습니다.

사업을 할 때 1억 원이 있으면 일본인은 딱 1억 원 규모의 사업을, 중국인은 7,000만 원 규모의 사업을, 한국인은 1억 원을 더 빌려 2억 원 규모의 사업을 한다고 합니다. 투자를 할 때도 마찬가지로 한국인은 10억 원이 있으면 10억 원을 더 빌려서 20억 원짜리 규모로 투자합니다. 이렇게 하다 보면 금리 인상기나 가격 하락 시에 투자금 10억 원마저도 잃게 될 수 있습니다.

투자는 언제, 어떤 상황에서도 반드시 잃지 않도록 안전하게 해야합니다. 주식투자로 원금까지 잃는 경우는 소유한 주식을 담보로 대출받아서 재투자(미수)를 할 때입니다. 대출을 받지 않았다면 그냥 반 토막으로 끝났을 수 있는데, 대출을 받은 탓에 주가가 하락하면서 자동으로 주식이 매도된 것이지요.

1997년 IMF나 2008년 리먼 사태 같은 위기가 닥치면 갑자기 금리가 오릅니다. 너무 많은 대출은 이자를 감당할 수 없는 상황으로 몰아갈 수 있습니다. 따라서 대출을 받지 않고 꾸준히 1~2년에 1채씩 매입하는 것이 가장 안전하게 자산을 늘리는 방법입니다. 대출이 꼭 필요하다면, 반드시 1채에 대해서만 대출을 받고 가능한 한 빨리 대출을 갚기 바랍니다. 우선 소형 주거용 부동산을 전세를 끼고 매입한 후 매년 모은 돈을 이용해 전세를 반전세로, 반전세를 월세로 바꾸어가는 전략이 가장 안전한 투자 전략입니다.

흐름을 파악하는 눈

실제 부동산투자로 돈을 벌고 싶다면 그 흐름을 앞서 파악할 수 있어야 합니다. 그런데 안타깝게도 신문이나 언론에서 '어느 지역이 뜬다' '어떤 종류의 부동산이 뜬다'라는 이야기가 나오면 벌써 가격이 오른 뒤입니다. 신문사든 언론사든 목적과 수익구조가 다른 탓에 주 고객인 건설사가 개발하는 신도시나 분양지역이 유망하다는 기사를 쓸 수 있습니다. 향후 그 가치가 오를 수밖에 없는 갖가지 이유들을 대겠지요.

이때 생각해야 할 것은 신규 분양이 그 지역 부동산에 좋은 뉴스가 아닐 수 있다는 점입니다. 부동산은 수요와 공급의 영향을 받는 재화이기에 그렇습니다. 신규 분양은 공급에 속하므로 공급이 늘어나면 가격 하락으로 이어질 수 있으니 오히려 나쁜 뉴스가 될 수 있습니다. 인구 15만 명인 도시에 5만 가구를 새로 짓는다면 17만 5,000명(5만 가구×

3.5명(평균 가족 수))이 살 수 있는 주택이 새로 생긴다는 겁니다. 기존 인구보다 더 많은 집이 생기는 것이죠. 이 지역에 대규모 일자리가 생기지 않는 상황에서 주택만 늘어나는 것이라면, 이는 이 지역의 부동산을 팔아야 하는 상황으로 봐야 합니다. 수요가 늘면 가격이 올라가고 공급이 늘면 가격이 떨어진다는 것이 모든 재화의 법칙이니까요.

그렇다면 수요가 늘어나는 좋은 뉴스는 없을까요? 첫째, 대기업의 공단이 들어선다는 뉴스는 주목해야 합니다. 쉽게 말해, 그 지역에 좋은 일자리가 생기는 것입니다. 예를 들면, 강남역과 동탄, 평택, 천안 등에는 삼성 본사와 계열사가 들어왔습니다. 판교나 구로와 가산디지털단지에도 대기업들이 입주했습니다.

또 아산병원, 삼성병원, 서울대병원 등 그 지역에 병원을 크게 증축한다는 뉴스도 살펴봐야 합니다. 인근에 초고층 빌딩을 짓는다는 뉴스도 좋은 뉴스입니다. 이러한 기업이나 병원 등이 생긴다는 것은 수많은 직원이 안정적인 급여를 받는 일자리가 생기는 것이기에 그 근처에 집을 얻으려는 수천, 수만 명의 수요가 늘어나면서 집이 부족해지겠지요.

이외 같이 부동산의 흐름을 꿰뚫어볼 수 있는 시각과 이러한 호재의 냄새를 맡을 수 있는 후각이 필요합니다. 그러기 위해서는 열심히 임장을 다녀야 합니다. 여러 지역을 다니면서 살펴보세요. 신문이나 언론, 온라인 사이트 등 어떤 지역에 대한 글을 읽거나 어떤 변화에 대한 소식을 들었다면 그곳에 직접 가서 그 지역 부동산 중개소에 들러 이야기를 들어볼 필요가 있습니다.

사실 이러한 소식은 매우 작은 기사나 간략한 뉴스로 스치듯 다뤄집니다. 이때 투자자는 상상해야 합니다. 그 변화가 앞으로 부동산 시장에 어떤 변화를 가져올지, 어떤 영향을 미칠지 분석하고 상상해보세요. 부동산 정보는 신문과 책, 온라인상에 있지만 해답은 현장에 있습니다.

친구를 만나거나 업무차 새로운 지역에 갈 일이 있다면 반드시 그 지역 부동산 중개소에 들러야 합니다. 이것이 습관화되어야 합니다. 부동산은 지역적 특색이 강하기 때문에 현장에서만 알 수 있는 것이 있습니다. 전반적으로 임대가 잘나가는 지역이라고 해도 바로 옆 어느 부동산은 전혀 그렇지 않을 수 있습니다. 또 임대료가 높은 지역이 있는가 하면 어느 지역은 전혀 그렇지 않습니다.

제가 따르는 가치투자의 원칙은, 그 부동산의 가격이 아직 실제 가치에 도달하지 않았을 때 매입하는 것입니다. 따라서 향후 호재성 변화나 인구 유입, 주변 산업시설, 교통, 학군 등을 유심히 살펴볼 필요가 있습니다. 그 지역의 거리에 얼마나 많은 사람들이 걸어 다니는지, 주 연령층이 어떤지, 이들의 표정에서 밝은 에너지가 느껴지는지 파악해야 합니다.

이렇게 하다 보면 웬만한 부동산 중개소 사장들보다 더 많은 것을 알게 됩니다. 이때 상대적으로 저평가된 지역을 찾을 수 있습니다. 부동산 중개사는 그 지역에 오래 머물렀기에 그 지역에 대해서만 잘 알지만 우리는 여러 지역을 다니면서 비교분석한 데이터를 가지고 있기 때문에 더 객관적이고 정확할 수 있겠지요.

어느 지역에 대해 조사할 때는 반드시 3곳 이상의 부동산 중개소를 방문하세요. 부동산 중개사들마다 보는 시각이 각각 다르기 때문입니다. 목 좋은 곳에 새로 생긴 큰 부동산 중개소의 사장은 그 지역을 매우 긍정적으로 브리핑할 것이고, 오래된 간판을 걸고 있는 터줏대감 부동산 중개소의 사장은 옛날과 비교하면서 이야기할 것입니다. 최대한 많은 이야기를 듣고 나서 판단은 스스로 해야 합니다.

열심히 임장을 다니면서 여러 지역에 대한 기록들을 데이터화해놓는 것도 유용합니다. 1년에 부동산 중개소 100곳을 방문하겠다는 목표를 세워보는 것도 좋습니다. 실제 그렇게 한다면 전반적인 부동산의 흐름을 읽을 수 있습니다. 부동산 중개사들도 바쁘지 않은 시간에 방문하면 친절히 상담해줍니다. 지금 당장 사지는 않는다고 해도 일단 중개소에 들어가 이 지역에 1~2명이 살 만한 소형 아파트나 빌라가 많은지 적은지, 세는 잘나가는지, 가격은 어느 정도 되는지, 향후 개발계획이 있는지 등에 내해 물어본다면 1곳에서 15분이면 충분합니다. 집을 보여주겠다고 하면 방문해서 보는 것도 좋습니다. 이 모두가 공부입니다.

가치투자의 힘

'밑져야 본전'이라는 말이 있습니다. 그렇게 고상한 표현은 아니지만, 가치투자를 함축적으로 표현할 수 있는 문장인 것 같습니다.

가치투자란 부동산의 현재 가치와 가격을 비교하면서 그 가치에 비해 가격이 낮을 때 부동산을 매입하는 방식을 뜻합니다. 만약 은행의 정기예금보다 2배 많은 월세가 나오는 부동산이 반값으로 폭락했다면 이 부동산을 팔아야 할까요? 이때는 당연히 사야 합니다. 이때는 무조건, 꼭 사야 합니다. 왜냐하면 부동산 가격이 반값이 되었으므로 은행 정기예금의 4배에 해당하는 월세가 나오는 부동산이 되었기 때문입니다. 이것이 이 부동산의 본질적 가치입니다.

가치투자를 할 때는 대출을 받지 않습니다. 팔지도 않습니다. 1~2년에 1채씩 구입하는 것이다 보니 시간도 오래 걸립니다. 그러나 이것이 바른 길이고 바른 투자입니다. 미래를 예측하지 마세요. 미래를 예측하는 전문가의 말도 믿지 마십시오. 최근까지의 데이터를 가지고 속단해서도 안 됩니다. '어서 경기가 좋아져야 할 텐데' 하면서 근심할 필요도 없습니다. 오히려 이러한 시기에 지역 분석을 하고 부동산을 매입할 기회를 기다리는 것입니다. 부동산에 대해 선입견을 가지지도 마세요. 재건축이든 재개발이든, 소형 아파트에서든 엄청난 수익을 올린 사람은 남들이 선입견을 가지고 여기에 관심을 두지 않았을 때 그 가치를 분석해서 다른 이들보다 먼저 이 물건들을 매입한 사람들입니다.

어떤 상황에서도 이기는 것이 가치투자입니다. 향후 이러저러한 호재로 모두가 오를 곳이라고 예측하는 곳에 투자하는 것이 아니라, 다른 이들이 특별히 관심을 주지 않고 거들떠보지 않은 지역에서 물건을 찾아 가치를 분석하고 은행 금리를 능가할 수 있는 수익을 가져오는 부동산을 찾아야 합니다. 지금 오르고 있는 곳이 아닌, 현재 저평가된 곳에 투자하는 것이 정답입니다. 남들이 좋다고 해서 10:1의 경쟁률이 나오는 곳에 투자하는 것은 잘못된 방법입니다. 경기가 과열되었을 때가 아닌 경기가 침체되었을 때 기회가 옵니다. 남들이 단기차익을 바랄 때 장기적인 안목으로 투자하는 것이야말로 가치투자입니다.

그들과 나의
목적은 다르다

나와 다른 누군가의 목적은 당연히 나릅니다. 다만 나의 재산을 안전하게 지키면서 늘려가고 싶다면, 내 주변에서 재테크를 도와주는 많은 사람들을 살피며 활용할 수 있어야 합니다. 특히 '그들'의 수익구조와 본심, 의도를 반드시 꿰뚫어봐야 합니다. 세상에는 정말 많은 그들이 살고 있습니다. 순진하게도 우리는 그들이 우리를 도와줄 것이라고 믿습니다. 그들의 말은 모두 맞는 것 같지요. 과연 정말 그럴까요?

부동산 중개사

▶ **목적 : 거래 성립**

▶ **수익구조 : 매매 중개수수료, 임대 중개수수료, 각종 중개료**

부동산 중개사들의 목적은 거래가 성립되는 것입니다. 집을 구입하는 매수자가 좀 비싸게 사든, 집을 파는 매도자가 좀 싸게 팔든 그들과는 크게 상관이 없습니다.

그들이 2~3개월 후 주택의 가격 상승을 확신한다고 해도, 그때 가서 매도자가 자신에게만 물건을 줄지 지금 나타난 매수자처럼 매수 의사가 확실한 매수자를 또 만나게 될지는 장담할 수 없습니다. 따라서 지금 당장 거래를 성립시켜 양쪽에서 수수료를 받는 것이 유리한 것입니다.

따라서 부동산 중개사들은 매도자에게는 약간 싸게 팔기를 권하고, 매수자에게는 약간 비싸게 사기를 권하는 것입니다. 어느 지역에든 부동산 중개소들이 모여 있습니다. 가 부동산의 중개사에게 A 주택을 매도하려고 하는데 어떻게 생각하는지 묻고 나 부동산의 중개사에게 A 주택을 매입하려고 하는데 어떻게 생각하는지 묻는다면, 서로 다른 견해가 나올 가능성이 큽니다.

증권사

▶ 목적 : 빈번한 거래

▶ 수익구조 : 거래수수료

TV 광고에서 '피가로~ 피가로~'라는 CM송을 들어본 적 있을 겁니다. '피Fee'가 싸다는 의미일까요? 회사들은 거래수수료가 저렴하다는 사실을 내세우며 광고를 합니다. 한마디로 수수료가 얼마 되지 않으니 고객이 사고팔고, 사고팔고를 반복하길 권합니다. 그래야 회사가 돈을 벌기 때문입니다.

증권사는 각종 호재와 악재를 번갈아 이야기하면서 고객의 장기투자를 방해합니다. 가지고 있는 주식은 팔고 싶고, 새로운 주식은 사고 싶게 만드는 겁니다. 따라서 저평가 주식을 사서 5년 이상 보유하는 사람들을 제일 싫어합니다. 당연히 그들이 제일 좋아하는 사람은 초단타 거래를 하는 데이 트레이더Day Trader(선물거래 시장의 시장 메이커 중 하나로, 당일 거래를 하는 사람들)이겠지요.

그런데 그보다 더 심각한 문제는 자신들이 한 분석에 대해 책임지지 않는다는 겁니다. 종합 일간지의 유명 애널리스트 중 3명 이상이 공통으로 추천하는 주식에만 투자했는데도 1년 만에 투자금이 반 토막이 났다고 고백한 사람도 있습니다. 기억하세요. 고급 정보는 신문에 실리지 않습니다. 인간은 미래를 예측할 수 없습니다. 미래는 신의 영역입니다.

펀드 운용사

▶ 목적 : 다른 사람의 돈으로 수익 얻기

▶ 수익구조 : 운용수수료, 판매수수료

펀드를 운용하는 사람들은 다른 사람의 돈을 끌어들여 투자를 합니다. 따라서 투자에 실패한다고 해도 그들은 절대 손실을 입지 않습니다. 투자자의 투자금이 반 토막이 난다고 해도 펀드 운용사는 운용수수료를 챙기며, 손실은 그저 투자자의 몫입니다. 즉 투자에 성공하든 실패하든 결국 운용사가 돈을 버는 수익구조라는 말입니다. 특히 그들은 자신들이 얼마나 빈번하게 주식을 사고팔며 언제 어떤 주식에 투자했는지를 자세히 공개하지 않습니다.

은행

▶ 목적 : 손실 없이 이자 많이 받기

▶ 수익구조 : 대출이자 – 예금이자

은행은 고객에게 돈을 빌려주고 받는 이자가 제일 큰 수익입니다. 따라서 고객으로부터 돈을 떼이지 않는 것이 가장 중요합니다. 이러한 이유로 은행들은 개인 신용도가 높은 사람보다 확실한 부동산 담보를 제공하는 사람에게 더욱 싼 이자로 돈을 더욱 많이, 잘 빌려줍니다. 은행의 수익구조를 쉽게 설명하자면, 돈이 필요한 사람에게 돈을 빌려주고 7% 이자를 받는다면 돈을 맡기는 사람에게는 2%의 이자를 지급하여

5%의 차익을 얻는 것입니다. 그럼에도 2007년에는 적금을 넣으러 온 고객에게 원금보장과 높은 수익률을 내세우며 펀드 가입을 권한 겁니다. 고객에게 펀드가 손실을 입을 수도 있다는 설명을 하지 않아서 사회적으로 문제가 됐지요. 왜 이런 설명을 하지 않았을까요? 고객이 펀드에 가입하면 은행이 펀드 판매수수료 1.4%를 얻을 수 있기 때문입니다.

은행은 돈이 넘칠 때는 고객에게 쉽게 대출을 해주다가도, 조금만 위험해지면 가산금리를 적용하여 대출금리를 올리거나 고객으로부터 돈을 회수합니다. 따라서 대출은 신중히 이용해야 합니다.

신문사

▶ 목적 : 신문 발행 부수를 늘려 많은 광고비 받기

▶ 수익구조 : 광고비+구독료

신문사들의 주목적은 구독자들에게 매달 꼬박꼬박 구독료를 받는 것이 아닙니다. 독자들은 신문사의 두 번째 고객일 뿐입니다. 이들에게 가장 중요한 고객은 바로, 광고주입니다.

대기업들로부터 수십억 원의 광고비를 받는 것이 그들의 주요 관심사이지요. 따라서 신문사들은 광고 매출이 하락하는 것이 두려워 광고주인 기업에 해가 되는 기사는 가급적 줄이고 그들에게 유리하게 기사를 작성합니다. 건설사 역시 신문사에게는 유력한 고객입니다. 따라서 그들 사업에 도움이 되는 기사를 싣습니다. 이를테면, '미분양에 보석이 있다', '어디 지역에 어느 건설사가 분양을 하는데 이러저러한 장점이 있다'와 같은 기사들 말입니다. 그들이 연초에 내놓는 수많은 예측과 전망은 거의 빗나갑니다. 하지만 누구도 책임지지 않습니다.

여론을 형성할 수 있다는 것이야말로 그들이 가진 또 하나의 권력입니다. 기사의 어감이나 어투로, 혹은 분석적으로 보이는 통계나 그래프 등을 이용하여 독자의 마음을 움직이기도 합니다. 작은 사건을 크게 보도하는 식으로 '침소봉대'하거나, 오히려 중요한 사건을 기사화하지 않기도 합니다. 특히 이러저러해서 '큰일이다'라는 식으로 경제나 사회에 대해 부정적인 기사를 냅니다. 그래야 독자들이 위기감을 느끼며 신문을 사서 읽게 되니까요. 이슈를 만드는 것이 바로 언론입니다. 결국 그들의 궁극적인 지향점은 최고의 광고 효과가 있는 업체가 되는 것입니다. 그래야 많은 광고비로 수익을 올릴 수 있으니까요.

건설사

▶ **목적** : 단시간 내에 높은 가격으로 주택 분양하기

▶ **수익구조** : 분양가 – 건설 원가

건설사의 목적은 주택의 분양입니다. 그들이 건설한 주택값이 향후 많이 오른다고 해도 돈을 버는 것은 이를 구입한 사람들입니다. 그들과 상관이 없는 것이죠. 따라서 건설사들의 주요 관심사는 가급적 땅

을 싸게 구입하고 최대한으로 건축비를 줄여서 높은 분양가로 주택을 판매하는 것입니다. 이러한 이유로 건설사들은 고객들에게 각종 호재를 부풀려 이야기합니다. 이를테면, 주택이 지하철역으로부터 도보로 5분 거리에 위치해 역세권임을 강조하지만, 실제로는 걸어서가 아닌 숨차게 달려서 5분 거리인 경우도 있습니다. 특히 확정되지도 않은 호재를 남발하기도 합니다. 영종도의 경우, 수많은 개발사업의 MOU 체결이 확정된 것처럼 알려졌지만 지금은 거의 무산되어 하늘도시 아파트값이 하락했고, 수많은 투자자가 소송 중에 있습니다.

보험사
▶ 목적 : 고액의 보험료 확보

▶ 수익구조 : 투자, 물가상승으로 인한 차익, 해약으로 인한 수익

보험사는 매달 수십만 명의 사람들에게서 수십억 원을 받아서 투자를 합니다. 물가상승률을 가장 잘 이용하는 업체가 보험사입니다. 보험사의 특정 연금에 가입하면, 30년 후 매달 300만 원씩 준다고 해도 30년 후 300만 원의 실질 가치는 지금의 가치와 큰 차이가 있다는 것을 기억하세요. 종신형 보험을 하나 정도 마련하는 것은 미래를 위한 안전장치가 될 수 있습니다. 그러나 너무 많은 보험을 들게 되면 종잣돈을 모으기 어렵습니다.

기업

▶ 목적 : 수익 창출

▶ 수익구조 : 매출액 – 제작 원가

기업들은 높은 수익을 얻는 것이 가장 큰 목적입니다. 따라서 제작 원가를 줄이기 위해 폐타이어로 만든 버블티처럼 해로운 물질을 고객에게 팔거나 업체 간에 담합을 할 수도 있습니다. 한 기업의 종사자로서 가장 괴로울 때는 회사의 이익을 위해 개인적인 양심을 저버리는 일을 해야 할 때입니다. 도덕적 양심을 따르자니 상부의 압력이 무섭고, 회사의 방침을 따르자니 양심에 걸려서 도무지 할 수가 없습니다. 흔한 일입니다. 이러한 이유로 회사에 속하든 떠나든 어디서나 나를 필요로 하는 사람들이 있어서 홀로 독립할 수 있는 전문가가 되어야 합니다.

나

나의 목적은 가족의 행복입니다. 안전하게 자산을 늘려서 비 근로소득을 높임으로써 직장을 그만두게 되더라도 경제적으로 어려움을 당하지 않는 것이 제1의 목표이며, 노후에는 구제사업 등으로 나의 재물을 선용하는 것이 그다음 목표가 될 수 있습니다.

직장에서 받는 월급이나 사업소득, 매년 모은 종잣돈을 투자함으로써 얻을 수 있는 소득 등이 수익구조입니다.

결론을 내려봅시다. 우리 주변에 있는 '그들' 모두를 믿지 말라는 말이 아닙니다. 다만 우리의 상대편에 있는 이들의 목적과 수익구조를 아는 것이 거래와 협상에 있어서 유리하게 작용할 수 있으므로 짚고 넘어가자는 것이지요. 부동산 중개사, 증권사, 펀드 운용사, 은행, 신문사, 건설사, 보험사, 기업 모두 세상에 꼭 필요한 존재들입니다. 그들로 인해 각종 재화와 서비스를 편리하게 공급받을 수 있지요. 그러한 점에 대해서는 감사해야 합니다. 그러나 분명한 건, 그들 중 누구도 우리의 이익을 우선하지 않는다는 겁니다. 그래서 제대로 알아야 하고 공부해야 합니다. 그들 모두는 우리가 아는 만큼 우리의 일을 도와준다는 걸 기억하세요.

손에 사마귀가 생겼을 때 외과 의사는 메스로 이를 도려내는 방법을 씁니다. 피부과 의사는 액화질소로 얼리는 방법을, 성형외과 의사는 레이저로 태우는 방법을 씁니다. 모두가 자기 분야에서 자기가 아는 방법을 사용합니다. 결국 어느 방법이 좋은지는 내가 공부해서 깨우쳐야 합니다.

어떠한 변화나 현상에 대해 그 이면을 바라볼 수 있는 안목을 기워야 합니다. 그 속성을 알고 난 후 내게 유리한 쪽으로 이용하세요. 다른 사람이 하기에, 그들이 가기에 그것이 안전하고 옳다는 식으로 남을 판단의 근거로 삼아서는 안 됩니다.

부동산 중개사들과 거래하지 말고, 주식투자하지 말고, 신문을 믿지 말고, 분양받지 말고, 보험에 가입하지 말라는 말이 절대 아닙니다. 그들을 불신할 필요도 없고, 100% 신뢰할 필요도 없습니다.

그들이 내게 이렇게 이야기할 수밖에 없는 입장을 이해하고 그는 그대로, 나는 나대로의 입장이 있음을 인지하고 있으면 됩니다. 현명한 투자자는 동일한 현상에서 기회를 찾습니다. 동일한 현상에서 이면의 속성을 파악합니다. 그 현상들을 자신에게 유리하게 재해석하는 것만이 투자자의 바른 자세입니다.

그들과 나

구분	목적	수익구조	고마운 점
부동산 중개사	거래 성립	매매 중개수수료 임대 중개수수료 각종 중개료	부동산 매매·임대 시 나를 대신해 광고하고 계약을 도와준다
증권사	빈번한 거래	거래수수료	주식 매매 시 나를 대신해 매수자와 매도자를 연결해준다
펀드 운용사	다른 사람의 돈으로 수익 얻기	운용수수료 판매수수료	직접 투자할 수 있는 능력이 없는 사람을 도와준다
은행	손실 없이 이자 많이 받기	대출이자−예금이자	내 돈을 보관 및 송금해주고, 필요할 때 빌려준다
신문사	신문 발행 부수를 늘려 많은 광고비 받기	광고비+구독료	매일 새로운 정보와 새로 나온 상품을 소개해준다

건설사	단시간 내에 높은 가격으로 주택 분양하기	분양가-건설 원가	몸과 마음이 쉴 수 있는 거처를 공급해준다
보험사	고액의 보험료 확보	투자 물가상승으로 인한 차익 해약으로 인한 수익	갑작스러운 사고가 발생했을 때, 큰 돈이 들어가는 것을 막아준다
기업	수익 창출	매출액-제작 원가	일할 곳과 월급을 준다
나	가족의 행복	근로소득 혹은 사업소득과 비 근로소득	가족의 행복에 기여한다

장기투자 vs.
단기투자

      김 씨는 2006년 초부터 그해 말까지 부동산 경매로 10개가 넘는 물건을 열심히 낙찰받았습니다. 힘들게 명도를 하고 도배와 장판으로 새롭게 단장한 물건을 급매로 내놓았습니다. 급매인 탓에 부동산 복비를 2배로 주면서 시세보다 저렴한 가격으로 내놓아 빨리빨리 현금화시켰습니다. 2~3개의 물건을 함께 진행하면서 경락잔금 대출을 이용하다 보니 법무사 비용도 많이 들었고, 취득세도 만만치 않았습니다. 그럼에도 시세보다 싸게 낙찰받은 물건이었기에 매번 수익이 발생해 한해 동안 열심히 살았다는 보람을 느꼈습니다. 그런데 2006년 추석을 기점으로 부동산 가격이 폭등했습니다. 만약 연초에 낙찰받은 부동산 중 단 2개라도 연말까지 보유했다면 더 큰 수익을 얻을 수 있었을 텐데 하는 아쉬움이 남았습니다.

박 씨는 1968년에 응암동 작은 동산 위의 땅을 속아서 매입했습니다. 평당 8,000원씩 40만 원으로 50평을 샀습니다. 당시엔 평지가 아니었기에 아무 쓸모가 없는 땅이었지요. 현재 이 땅은 응암 2구역에 속해 있는데, 재개발이 되어 몇 년 후엔 아파트를 받게 됩니다. 아파트의 매매가가 6억 원 정도 될 것으로 예측되니 투자금 대비 1,500배가 상승한 셈입니다.

오래전부터 고물상(지금은 환경산업, 자원재활용업)을 운영하는 최 사장님은 늘 이렇게 말했습니다. "불경기라고? 나는 직원들 월급만 주면 돼. 시간이 지나면 땅값이 올라주거든!" 서울 구로동에서 처음 땅을 구해서 고물상을 시작한 최 사장님은 보상금을 받고 사업장을 의정부로 옮기고, 또 보상금을 받아 수원으로 옮겼습니다. 이제는 세종시 인근 연기군에서 고물상을 운영하고 있는데 이렇게 옮길 때마다 엄청난 땅값을 보상받았다고 합니다. 최종 학력이 초등학교 졸업인 데다 번지르르한 사업체를 운영하는 것도 아니지만 구로에서 의정부로, 수원으로, 연기군으로 옮기면서 받은 보상금만으로 어마어마한 부를 이루게 된 것이지요. 최근에는 주민들이 악취가 난다며 민원을 해서 그 인근 논과 밭을 비싸게 사주었는데, 1년 후 가까운 곳에 세종시가 확정되면서 연기군의 땅값이 몇 배로 뛰었다고 합니다. 가는 곳마다 운이 따르니 이런 경우도 생깁니다. 무엇보다 많은 보상금을 받은 뒤에도 욕심 내지 않고 본업을 꾸준히 이어갔다는 점이 이 분의 가장 훌륭한 점입니다.

정 씨는 지방에서 큰 식당을 운영하고 있는데, 주식은 물론이거니와 은행 적금도 하지 않습니다. 그저 하는 거라고는 1년간 벌어서 모은 돈의 규모에 맞춰서 자기가 아는 인근 주변의 땅을 사는 것입니다. 그는 이 방법이 최고의 재테크라고 믿고 있습니다. 10년 넘은 실전투자로 갖게 된 확신이지요. 그렇게 정 씨는 벌어서 쓰고 남은 돈을 자기가 아는 곳에 꾸준하게 묻고 있습니다.

한 씨는 자그마한 가게에서 장사를 하는데, 지난 20년간 소형 아파트를 꾸준히 사서 모았다고 합니다. 1년간 번 돈에 맞춰서 1채씩 매입한 것이지요. 현재 수십 채의 부동산을 가진 그가 20년간 사 모은 지역은 노원구였다고 합니다.

부동산투자의 특징 중 하나는 양도세뿐 아니라 물건을 최초 구입할 때 드는 취득세는 비싼 데 비해 보유세는 싼 편이라는 겁니다. 따라서 거래를 자주 할수록 양도세와 취득세를 계속 내야 하므로 수익이 줄어듭니다. 그러니 여러 채의 부동산을 사고파는 것보다 장기적으로 보유하는 것이 유리합니다.

부동산투자에서 잘못된 투자상식은 '쌀 때 사서 비쌀 때 팔라'라는 것입니다. 내가 매입한 하나의 부동산은 내 친구이며, 동반자이며, 사업이며, 기업이며, 현금을 낳는 황금오리이며, 과실을 맺는 나무입니다. 저는 부동산을 평생 보유하라고 말합니다.

정말 돈이 필요할 때가 아니면 절대 팔지 않겠다는 각오를 해야 평생 보유할 수 있는 부동산을 구입하게 됩니다. 그리고 소유한 부동산을 사랑하세요. 부동산은 시간을 먹고 자랍니다. 부동산투자에서는 기회와 기다림이 중요합니다. 저가에 매입할 수 있는 기회를 기다리고 매입한 부동산이 더 크게 자라도록 기다리는 겁니다. 임대수익으로 투자금을 회수한 후에도 계속 수익이 발생하게 만들어야 합니다.

일부 부동산 전문가는 항상 똑똑한 1채만을 이야기하면서, 가격이 오르면 더 오를 테니 사라고 하고 떨어지면 싸기 때문에 사야 한다고 부추깁니다. 점점 더 큰 평형, 점점 더 중심지에 집을 마련하라고 합니다. 그러나 내 집은 내가 살아가는 곳일 뿐입니다. 돈을 깔고 앉아 있을 필요가 있을까요? 내가 사는 집을 제외한 다른 집이 있어야 임대수익이 발생합니다. 내가 생활하는 집을 제외한 집이 많을수록 많은 임대수익이 발생합니다.

부동산 가격은 계단 모양으로 오릅니다. 완만한 하락 내지는 수평을 이루다가 어느 순간 급격히 오릅니다. 장기 보유하는 자가 승리하는 이유입니다. 부동산을 장기 보유하기 위해서라도 대출을 받지 않거나 감당할 수 있을 정도의 대출만 받아서 소액으로 투자하는 것이 옳습니다. 매입한 후에는 잊는 겁니다. 시간이 지나면서 큰 변화가 일어날 겁니다. 용도 변경, 보상, 재개발, 재건축, 리모델링, 도로 확장 등. 혹 이렇다 할 눈에 띄는 변화가 일어나지 않는다고 해도 부동산의 속성상 물가상승률보다 더 크게 가격이 상승한다는 것만은 분명합니다. 기억하세요. 부동산은 장기적으로 보고 보유해야 수익이 커집니다.

세금의 문제

사실 저에게 투자에 관해 질문하는 사람들 중 대부분은 대개 다음 2가지를 묻습니다.

하나, 지금 무엇을 사면 좋을까요?
둘, 어떻게 하면 세금을 적게 낼 수 있나요?

세금을 적게 내고 싶은 사람의 마음속 밑바닥에는, 절대 자신은 조금도 손해를 보지 않겠다는 심리가 숨어 있습니다. 이런 부류의 사람은 주식투자를 할 때도 주식 가격이 올라 돈을 벌 때보다 자신이 매도한 주식이 하락했을 때 더욱 기뻐합니다. 그 주식을 산 누군가는 손해를 봤지만 자기는 손해를 보지 않았기 때문입니다. 이 사람은 부동산 정책이 규제 쪽으로 돌아서면 바로 부동산을 매도할 겁니다. 자신만큼은 절대 손해 보지 않아야 하니까요. 그래서 가진 부동산을 오래 보유하지 못합니다. 그러나 부동산은 다릅니다. 당시 정책 변화에 따라 발빠르게 행동하면 작은 손실을 피할 수 있을지는 몰라도 장기 보유로 얻을 수 있는 큰 이익은 취할 수 없기 때문입니다. 정직하고 합리적인 방법으로 세금을 줄일 수 있다면 좋지만 계약서의 금액이나 시기 등을 고쳐서 업계약서나 다운계약서를 쓰는 일 등은 절대 해서는 안 됩니다.

지금으로부터 약 10년 전인 2005년에 이른바 831 대책이 나왔습니다. 내용은 다음과 같았습니다.

· 1가구 2주택 양도세 중과
· 종합부동산세 가구별 합산(6억 원 이상 대상 확대)
· 2010년까지 연 30만 호 공급(5년간 택지 4,500만 평 공급)
· 실거래가 신고 의무화(실거래가 등기부 기재)

이 대책이 나오자 많은 세금이 부과될까 봐 두려워서 많은 이들이 주택을 매도했습니다. 그런데 바로 1년 뒤인 2006년 추석 전후 부동산 가격 폭등이 일어났지요. 1년 전에 주택을 매도했던 사람들은 그때 무슨 생각을 했을까요?

세금은 반드시 모두 내세요. 양도세를 내기 싫다면 팔지 않으면 됩니다. 보유 시, 매도 시 내야 할 세금은 꼭 내세요. 이것이 부동산투자자의 의무입니다.

전업투자의 시기

몇 번의 투자로 기대 이상의 수익을 얻고 나면, 아예 직장을 그만두고 전업투자자로 살겠다고 결심하는 사람들이 많습니다. 저는 이러한 삶을 소망하기보다는 자신의 직업에 충실하기를 바랍니다. 성공적인 인생을 살아가는 데 있어서 중요한 것 중 하나는, 자신의 직업에 충실히 임하여 자신이 좋아하고 잘하는 일에서 전문가가 되는 것입니다. 이것이 부자가 되는 첫걸음입니다. 먼저 하고 있는 일을 열심히 하면서 그 분야에서 전문가가 되어 나의 몸값을 올리는 것이 우선이 되어야 한다는 말입니다.

주식이나 부동산투자는 나의 경제적 풍요로운 삶을 지원하는 도구일 뿐입니다. 따라서 저는 전업투자자가 되는 것을 권하지 않으며, 전문 투자자가 되는 것이 좋다고 생각하지도 않습니다. 다만 누구에게나 사명이 있으므로 그 사명을 따라야 합니다.

무엇보다 처음부터 투자자로 살 수는 없습니다. 초반에는 투자로 얻을 수 있는 소득이 미미하기 때문입니다. 1년에 투자로 2,000만 원을 벌었다고 합시다. 전업투자자에게는 이 2,000만 원이 1년 치 생활비가 됩니다. 이렇게 된다면 계속 같은 자리를 맴돌 수밖에 없습니다. 따라서 먼저 고정적인 수입을 통해 경제적으로 안정되어야 투자도 할 수 있습니다.

자신을 행복하게 만드는 일을 찾고 하고 있는 일과 그 분야에서 1인자가 되는 것을 목표로 하세요. 그리고 남는 20%의 시간과 노력을 경제 공부와 투자 공부에 할애하면서 기회가 생길 때마다 현금을 부동산 자산으로 바꾸는 일을 반복하는 것이 최고의 재테크입니다.

전업투자자가 된다는 것은 직장에서 퇴사하고 부동산투자를 전문으로 하며 살아간다는 것입니다. 이러한 삶을 쉽게 결정해서는 안 됩니다. 반드시 전업투자자가 될 필요는 없습니다. 많은 사람들이 회사를 그만두면 퇴직금이 생기고, 시간도 많아질 테니 투자를 더 잘하게 될 거라 생각하는 것 같습니다. 그렇다면 돈과 시간의 문제를 해결할 수 있는 방법을 알려드리겠습니다.

돈이 없다?

사업을 하면 월 수입의 단위는 더 커질 수 있어도 수입 금액이 들쑥날쑥하게 됩니다. 반면 급여생활자는 고정적인 수입이 있다는 것이 강력한 힘입니다. 따라서 소비를 조금만 줄여도 훨씬 큰 대출을 감내할 수 있는 힘이 생깁니다.

예를 들어, 1억 2,000만 원을 6% 금리로 대출받으면 한 달에 60만 원의 이자만 내면 됩니다. 6,000만 원을 대출받으면 한 달 이자가 30만 원이지요. 개인 신용도에 따라 다르지만 2015년 말 현재의 대출금리는 더 낮아서 보통 1억 원 대출에 대한 한 달 이자가 30만 원 정도 됩니다.

어찌 됐든 생각해봅시다. 한 달 생활비에서 30만~60만 원의 소비를 줄이는 겁니다. 아예 이자 통장을 만들어서 2년간의 대출이자가 빠져나갈 수 있게 720만 원이나 1,440만 원의 돈을 넣어두는 것도 방법입니다. 대출을 받은 후 이렇게 이자를 제외한 돈으로 투자할 수 있습니다.

대출금액	2년간 이자 통장에 넣어둘 금액	실제 투자 가능 금액
6,000만 원	720만 원	5,280만 원
1억 2,000만 원	1,440만 원	1억 560만 원

6,000만~1억 2,000만 원을 투자한다면 2년에 2배의 수익을 얻는 것이 가능합니다. 만약 이것이 어렵게 느껴진다면 매월 30만 원씩 절약하여 6,000만 원의 종잣돈을 마련하세요. 그렇게 마련한 6,000만 원으로 6% 수익이 가능한 투자처에 투자해도 2년에 800만 원을 버는 겁니다. 이렇게만 해도 연이자보다 더 많이 벌게 됩니다. 부동산투자 경험이 많아질수록 실력도 늡니다. 처음에는 돈을 버는 것이 중요하지만

경험을 쌓는 것 역시 매우 중요합니다. 그래야 지경知境이 넓어지기 때문입니다.

다만, 주의할 것은 대출은 단 1건 이내로 제한하라는 것입니다. 여러 부동산에 모두 대출이 있다면 금리 상승 시기에 굉장히 위험해질 수 있기 때문입니다.

시간이 없다?

요즘 직장에서는 연차와 월차를 이용할 수 있습니다. 어떤 사람은 적극적으로 주말근무까지 해서 월요일을 확보하기도 합니다. 직장에서 퇴근하면서 부동산 중개소에 연락해 몇 시까지 가겠다고 하면 대부분의 중개사들이 기다려줍니다. 그들 모두 자영업자이기 때문입니다. 확실한 고객이라면 밤 11시에도 만나줄 것입니다.

결론을 내려봅시다. 부동산투자는 1~2년에 1건 정도 하면 충분합니다. 처음에는 돈이 충분하지 않기 때문입니다. 직장생활을 열심히 하면서 투자를 부업으로 할 때는 느긋하게 장기적으로 투자하는 것이 가능하지만, 전업투자자가 되면 무언가 획기적인 것을 생각하다가 오히려 잘못된 길에 접어드는 경우가 많습니다.

부동산투자를 하는 데는 생각보다 시간이 많이 필요하지 않습니다. 일반매매 시 그 지역을 둘러보는 데에 2시간, 계약서를 작성하는 데에

1시간이 소요됩니다. 경매 시 입찰 당일에 4시간, 입찰조사에 2시간 정도 걸립니다. 즉 주말과 연휴, 연차, 월차만 이용해도 부동산 임장 여행을 다닐 수 있습니다. 돈도 많이 들지 않으며 기분 전환에도 좋지요. 일단 부동산에 돈을 투자하고 나면 시간은 내 편입니다. 미래가 두렵지 않습니다. 가진 부동산이 늘어날수록 부동산에 대한 관심도 많아지고 여러 정보를 수집하게 됩니다. 즉 시간이 흐를수록 경험과 지식이 쌓여서 더욱 지혜로운 투자가 가능해집니다.

그럼에도 전업투자를 하고 싶다면 연 임대소득이 직장 연봉보다 커질 때, 즉 비 근로소득이 연봉보다 많아졌을 때 하길 바랍니다. 임대소득만으로 충분히 생활비를 감당할 수 있을 때 하는 것이 좋습니다.

부동산투자 기록

당장 큰돈이 없어도 1~2년에 1~2채씩 마련하는 전략을 따른다면,
시간적인 차이만 있을 뿐 누구나 성공하리라 믿습니다.

이번 장에서는 제가 처음으로 부동산투자를 시작했던 2007~2008년까지, 2년간 마련한 부동산들의 투자 실전 사례를 공개하려 합니다. 이는 제가 투자한 물건에 대한 정보 및 분석을 상세히 기록한 것입니다. 투자 사례를 밝히는 것은 부동산투자 시 실제로 어느 정도의 비용이 발생하고, 무슨 일이 일어나는지, 실제 투자금액에 얼마가 소요되는지를 실증적으로 보여주기 위해서입니다. 또한 이를 통해 가진 돈이 적다는 이유로 부동산을 재테크 수단으로 여기지 않거나 소액으로 투자할 부동산이 있는가에 대해 의문을 갖고 있는 이들에게 증명하고 싶습니다.

다만 여러분이 숲을 보고 나무는 보지 않기를 바랍니다. 제가 투자한 부동산을 찾아 그대로 따라서 매입하는 것이 아니라, 새로운 창의력을 발휘하길 바랍니다. 이러한 이유로 최근의 투자 기록은 올리지 않았습니다.

2007년부터 2016년까지 거의 10년에 이르는 기간 동안 제가 마련했던 부동산 가격의 변동추이를 보는 것만으로도 많은 도움이 되리라 생각합니다. 이 중에는 현재 시점에서 매도하거나 월세로 전환한 부동산도 있습니다만, 쉽게 흐름을 이해할 수 있도록 보유한 상황으로 작성한 사례도 있습니다.

또한 성공적인 사례도 있지만 당시 예상하지 못했던 변화로 아쉬움이 많이 남는 투자 사례도 있습니다. 여러분이 다른 사람의 실수와 경험을 자신의 것으로 만들 수 있다면 저보다 더 빨리 발전할 수 있을 겁니다. 또 제가 느꼈던 것과 그 경험을 통해 배운 점을 읽으며, 부동산 실전 매매 시 어떤 일들이 발생할 수 있는지 간접 경험하면서 배워나갔으면 합니다.

2006년 말을 기점으로 부동산은 대체로 하락하는 기간이었지만, 이때도 저는 투자금 대비 2배의 가격 상승으로 수익을 거둘 수 있었습니다. 모든 투자가 성공적인 것만은 아니었습니다. 실제로 하나의 부동산을 매입하기 전까지 수많은 고민과 분석을 했지만, 비교한 후 최종으로 선택한 물건이 나머지 물건보다 훨씬 나쁜 결과를 가져온 경우도 많습니다. 또 절대 매입하지 말아야 할 물건이었음에도 원칙에서 벗어난 결정을 한 덕분에 여전히 마음 고생하게 만드는 물건도 있습니다.

하지만 그 실패와 실수의 과정을 거치며 저는 더 좋은 판단을 할 수 있는 안목을 키울 수 있었습니다.

2007년부터 2년간 경매로 6채를 낙찰받았고, 나머지는 일반 매매 방식으로 부동산을 매입했습니다. 경매로 낙찰받은 물건 중 대부분은 세입자가 배당금을 전액 받을 수 있는 물건이었습니다. 2년간 투자한 물건 중에서 몇 개의 부동산은 책에 공개하지 않았습니다. 또 매도한 2건의 부동산도 기록하지 않으려 합니다. 매도하지 말고 장기 보유하라고 하면서 매도한 이유는, 단순히 시세 차익을 얻기 위해서가 아니라 매도 경험을 쌓기 위해서였습니다.

제가 다른 사람들보다 짧은 기간에 많은 부동산을 보유하게 된 것은 투자금이 있었기 때문입니다. 2000년 말 매입했던 주식을 매도하지 않고 장기 보유했는데 2007년 말 주식 가격 폭등으로 이익을 본 덕분이었습니다.

이 책에 공개한 사례들만 보며 무리하게 부동산을 매입하지 않기를 바랍니다. 당장 큰돈이 없어도 1~2년에 1~2채씩 마련하는 전략을 따른다면, 시간적인 차이만 있을 뿐 누구나 성공하리라 믿습니다.

현장조사는 필수다

대상	경기도 분당시의 오피스텔	
매매 방법	경매	
입지	지하철 도보 1분, 인근에 대형 백화점이 있는 번화가, 임대수요 많음	
내역	89.1㎡(27평형) 전용면적 : 46㎡(13.8평) 대 지 권 : 10㎡(3평) 총 층 수 : 8층	완공일 : 2001년 7월 13일 낙찰일 : 2007년 2월 5일 잔금일 : 2007년 3월 16일 명도완료일 : 2007년 4월 7일
투자금	낙찰가 : 8,422만 원 전세가 : 7,300만 원 전세가율 : 87%	대출금 : 없음(최초 6,300만 원) 실투금 : 1,122만 원
총 비용	취득세 : 185만 2,840원 등록세및법무사비용 : 408만 원	중개수수료 : 임차인A 36만 원, 　　　　　　　임차인B 51만 원 기타 조명(ALL) : 28만 원, 도배 : 20만 원
임차인	A : 2007년　5월　7일~1년간. 월세 500/50 　　(2007년 12월　7일 임대료 미납으로 퇴실) 나 : 2007년 12월　8일~2008년 4월 17일(개인 사무실로 사용) B : 2008년　4월 18일~2년간. 전세 7,300만 원 C : 2009년　3월 20일~2011년 3월 20일 전세 7,300만 원 　　2011년　3월 18일~2013년 3월 17일 전세 9,500만 원 　　2013년　3월 18일~2015년 3월 17일 전세 1억 1,000만 원 　　2015년　3월 18일~2017년 3월 17일 전세 1억 3,000만 원	

시세	2008년 9월 : 매매 1억 3,000만 원, 전세 7,500만 원 2008년 12월 : 매매 1억 2,000만 원, 전세 7,500만 원 2010년 10월 : 매매 1억 2,000만 원, 전세 1억 원 2011년 9월 : 매매 1억 4,500만 원, 전세 1억 1,000만 원 2012년 5월 : 매매 1억 6,000만 원, 전세 1억 1,000만 원 2014년 9월 : 매매 1억 6,000만 원, 전세 1억 3,000만 원 2015년 11월 : 매매 1억 6,000만 원, 전세 1억 3,000만 원, 월세 1,000/60만 원

투자 분석 (2015년 말 기준)	매매가 상승분	7,578만 원	현 매매가(1억 6,000만 원) − 매입가(8,422만 원)
	전세가 상승분	5,700만 원	현 전세가(1억 3,000만 원) − 매입 당시 전세가(7,300만 원)
	실투금	1,122만 원	낙찰가(8,422만 원) − 매입 당시 전세가(7,300만 원)
	총 비용	729만 원	취등록세＋법무사 비용＋중개수수료＋기타
	실투금 대비 매매가 상승률	675%	매매가 상승분 / 실투금×100%

평가 및 느낀 점

● 입찰가 산정의 중요성

2006년 여름부터 경매 입찰에 들어갔으나 번번이 떨어졌습니다. 입찰 당일 새벽 1시에 경매 정보 사이트에서 이 물건을 확인한 후 급한 마음에 현장을 확인해보지도 않고 인터넷 시세만 보고 입찰했지요. 당시 닥터아파트에 공개된 인터넷 시세는 매매 1억 1,000만~1억 2,000만 원, 월세 1,000/65~80만 원이었습니다.

결국 입찰자 5명 중에서 1등으로 오피스텔을 낙찰받았는데 2등과는 무려 732만 원이나 차이가 났습니다. 낙찰받은 후 현장에 가보니 실제 8,000만 원에 나온 일반 매매 물건까지 있었습니다. 굳이 경매가 아니더라도 일반 매매로 얼마든지 구입할 수 있는 부동산이었는데 제가 터무니없이 비싸게 낙찰을 받은 겁니다. 현장조사를 철저히 하지 못해서 손해를 본 사례이긴 하지만 처음 경매로 낙찰까지 받았으니 경험으로 삼기로 했습니다. 아무리 급해도 현장에 나가서 살펴본 후 시세를 분석해야 한다는 걸 배웠습니다. 그럼에도 이때 낙찰받지 않았다면 이 부동산은 사지 못했을 겁니다. 2015년 현재 이 오피스텔의 매매가는 낙찰가보다 7,500만 원가량 오른 상태입니다.

🏠 임차인 명도

당시의 임차인은 오피스텔을 발 마사지실로 이용하고 있었습니다. 그는 다시 저와 임차계약을 하길 바랐지만 전 명도를 경험해봐야겠다는 생각에 4월 7일까지 오피스텔을 비워달라고 요청했습니다. 구두로 나눈 사항을 미리 준비한 이행각서에 기록한 후 그 약속을 지키게 했습니다.

🏠 월세 임대의 어려움

2007년 4월 9일 청소를 마치고 부동산에 임대를 내놓았지만, 첫 매입 시 대출금이 많았기에 쉽게 세가 나가지 않았습니다. 거의 1개월 이후인 어린이 헬스클럽을 운영하는 자영업자 A에게 보증금 500만 원을 받고 월세 50만 원에 세를 놓았는데, 얼마 후부터 그는 임대료와 관리비를 미납하기 시작했습니다(월세 3개월, 관리비 7개월 미납). 결국 세입자를 내보낸 뒤 오피스텔을 개인 사무실로 4개월간 사용했습니다. 이로써 월세를 제대로 받는 것이 어렵다는 것을 알게 됐지요. 안전하게 월세를 받으려면 보증금을 1,000만 원 이상으로 하는 것이 유리하겠다는 생각도 했습니다(1,000/45만 원, 1,500/40만 원). 물론 그때는 6,300만 원의 대출이 있었기에 보증금을 1,000만 원으로 하는 것이 힘들었습니다. 등기부등본상에는 근저당설정 채권 최고액이 8,190만 원(실제 대출액 6,300만 원×1.3배)으로 설정되어 있어서 시세와 같은 금액이었기 때문입니다.

특히 임대를 놓을 때는 임차인이 자영업자인지, 중소기업이나 대기업의 회사원인지, 신혼부부인지 등을 먼저 파악하는 것이 좋겠다는 생각이 들었습니다.

🏠 전세 내기

4개월 동안 오피스텔을 개인 사무실로 이용했지만 집에서 사무실까지 출퇴근 시간이 많이 걸리는 데다 대출이자와 매월 30만 원에 달하는 비용(관리비, 전기, 전화, 인터넷 비용)이 너무 크다는 생각이 들어서 이번엔 전세로 세를 놓았습니다. 당시 전세 시세는 7,000만 원이었지만, 48만 원을 들여 도배를 하고 조명을 전부 바꾸었더니 7,300만 원 전세로 신혼부부가 들어왔습니다. 저는 바로 대출금 6,300만 원을 전액 상환했습니다. 이렇게 하니 대출이자도 사라지고 1,000만 원이라는 추가 수입까지 생겼지요. 결국 실제 투자금은 1,122만 원으로 줄어들었습니다.

♠ 경락잔금 대출 이용의 단점

처음 이 오피스텔을 마련할 때는 경락잔금 대출로 6,300만 원을 받았습니다. 그런데 경락잔금 대출을 이용할 때는 등기 업무를 반드시 법무사에게 맡겨야 합니다. 결국 법무사 보수액을 빼고도 각종 증명, 여비, 일당, 대행, 출자금, 은행수수료 등이 과다하게 책정되는 바람에 법무사 비용에 꽤 많은 금액이 소요됐습니다.

♠ 입지 vs. 임대

2008년에 오피스텔 주변에 지하철 출구가 생기고 소형 오피스텔에 대한 수요 증가로 가격이 상승하기 시작했습니다. 지하철 역세권 부동산에 투자하길 잘했다는 생각이 들었습니다. 교통이 편리한 소형 부동산의 경우 향후 임대료는 지속적으로 상승합니다. 상권이 지속적으로 발전할 것이라는 믿음을 가지고 그 지역 오피스텔의 가격이 저평가되었다고 판단해 투자를 감행했던 건 좋은 선택이었습니다.

🏠 세금이 비싼 오피스텔

아파트와 오피스텔은 적용되는 법이나 세금이 다릅니다. 아파트는 주택법이, 오피스텔은 상가처럼 건축법이 적용됩니다. 같은 30평이라도 실제 사용면적(전용면적)에서 큰 차이가 나는데 아파트의 전용률은 70~80%, 오피스텔은 50~60%입니다. 세금 측면에서도, 동일한 가격이라도 오피스텔은 취득세와 농어촌특별세, 지방교육세 등을 포함해 매매가의 4.6%를, 아파트는 전용 85㎡ 주택형 이하일 경우 1.1%를 세금으로 부담합니다. 즉 매매가가 1억 원이라면 오피스텔은 460만 원, 아파트는 110만 원을 내야 하는 것이지요.

🏠 결론

이제 저는 오피스텔이나 도시형 생활주택에 투자하는 것을 반대합니다. 활용도가 떨어지기 때문입니다. 오피스텔이나 도시형 생활주택은 집이 많지 않은 1인 가구만 사용이 가능합니다. 반면 방이 2개이거나 방 2개에 거실이 있다면 신혼부부나 초등학생 자녀를 둔 3~4인 가구도 사용할 수가 있어서 좋습니다. 소형 부동산에 투자할 때는 반드시 이 점을 기억하세요.

전세가율이 높은 아파트를 찾아라

대상	서울시 중랑구의 아파트	
매매 방법	일반 매매	
입지	지하철역 8분 거리, 대형마트 6분 거리	
내역	46.2㎡(14평형) 전용면적 : 33㎡(10평) 대 지 권 : 21.5㎡(6.53평) 총 층수 : 15층 총 세대수 : 1,315세대	완공일 : 1993년 7월 31일 계약일 : 2007년 3월 12일, 계약금 500만 원 중도금 : 2007년 3월 23일, 중도금 2,000만 원 잔금일 : 2007년 4월 25일, 잔금 6,250만 원
투자금	매입가 : 8,750만 원 　　　　(평당 621만 원) 전세가 : 7,000만 원 전세가율 : 80%	대출금 : 없음 실투금 : 1,750만 원
총 비용	취득세 : 70만 원 채 권 : 10만 6,450원 등록세 : 없음 (최초 주택 구입 시 175만 원 감면)	중개수수료 : 매매 43만 원, 임대 20만 원 도배, 장판 : 50만 원
임차인	A : 2007년 5월~2009년 5월. 전세 7,000만 원 　　　2009년 5월~2011년 5월. 전세 7,500만 원 　　　2011년 5월~2013년 5월 전세 9,200만 원 　　　2013년 5월~2015년 5월 전세 1억 1,000만 원 　　　2015년 5월~2017년 5월 전세 1억 4,000만 원	

시세	2008년 3월 : 매매 1억 4,000만 원, 전세 8,000만 원 2008년 8월 : 매매 1억 6,500만 원, 전세 8,000만 원 2008년 12월 : 매매 1억 5,500만 원, 전세 7,800만 원 2010년 11월 : 매매 1억 7,000만 원, 전세 9,500만 원 2011년 9월 : 매매 1억 6,000만 원, 전세 1억 500만 원 2012년 4월 : 매매 1억 6,000만 원, 전세 1억 1,000만 원 2015년 11월 : 매매 1억 7,000만 원, 전세 1억 4,000만 원 월세 2,000/50만 원

투자 분석 (2015년 말 기준)	매매가 상승분	8,250만 원	현 매매가(1억 7,000만 원) 　　　　　　－매입가(8,750만 원)
	전세가 상승분	7,000만 원	현 전세가(1억 4,000만 원) 　　－매입 당시 전세가(7,000만 원)
	실투금	1,750만 원	매입가(8,750만 원) 　　－ 매입 당시 전세가(7,000만 원)
	총 비용	194만 원	취·등록세＋법무사 비용＋중개수수료＋기타
	실투금 대비 매매가 상승률	471%	매매가 상승분 / 실투금 ×100%

평가 및 느낀 점

🔸 소형 아파트는 옳다

소형 아파트는 전세 물건이 귀하기 때문에 지속적으로 전세가가 상
승합니다. 이 물건을 구입한 이유는 단지 앞에 대형 택지개발지구가
예정되어 있었고, 종합병원 이전이 확정되었기 때문입니다. 앞에서
말했듯 종합병원이 들어오면 향후 병원 근무자의 증가로 임대가 상
승이 가능합니다. 소형 평형인 데다 최초 주택이라 매입 시 취·등록

세가 면제된다는 장점도 있었습니다. 처음에는 4, 6단지의 17평대를 찾았지만, 이 경우 매매가가 1억 2,000만~1억 3,000만 원인데 전세가가 8,000만 원이라 투자금이 4,000만~5,000만 원이나 들기에 부담이 되어 14평으로 마음을 돌렸습니다.

또한 실제 투자금을 적게 하려고 저층인 3층 매물을 구매했는데 이는 장단점이 있습니다. 당시 2006년 12월까지 1억 원을 향해 계속 오르던 집값은 8,500만 원까지 떨어진 상황이었습니다. 전·월세 가격이 차츰 오르고 있는 터라 매도자는 9,000만 원을 요구했지만 깎아서 8,750만 원에 매입했습니다. 전 날 봐둔 물건 3개의 주인들이 모두 팔지 않겠다고 한 상황이라 조마조마했지만 겨우 매입할 수 있었습니다.

♠ 매매 중개 부동산에 임대 의뢰까지 맡겨라

최초 매매를 중개한 부동산 중개사와 관계를 돈독히 하는 것이 좋습니다. 같은 부동산 중개사라도 능력은 각기 다릅니다. 부동산을 보는 시각도 다릅니다. 매매 중개를 의뢰했던 중개사가 유능하다면 그에게 임대 의뢰까지 맡기는 것이 좋습니다(경험이 쌓이면 이 중개사가 유능한지 그렇지 못한지를 감으로 알 수 있게 됩니다). 또 부동산을 관리하다 보면 임대한 주택의 시설물이 고장 나거나 수리해야 할 일도 생깁니다. 그때마다 직접 방문해서 확인하고 수리를 맡기기는 힘들지요. 특히 임차인을 직접 만나서 대화하다 보면 서로 기분이 상할 일도 생깁니다. 이때 중개사에게 부탁하면 일이 순조롭게 처리될 가능성이 큽니다. 1년에 2번 정도 전화해 요즘 시세가 어떤지 그 지역 부동산 경기는 어떤지 등 물으며 관계를 유지하기 바랍니다.

▲ 전세가율이 높으면 수익률도 높다

이 아파트는 아마 그 당시 서울에서 가장 싼 아파트가 아니었을까 싶습니다. 소형 아파트의 가격이 고정되고 전세가가 올라 투자금이 최소화되는 시기였기에 기회라는 생각이 들었고 그렇게 난생 처음으로 집을 계약했습니다. 매입한 아파트 맞은편에 종합병원과 택지지구가 개발 준비 중이라는 호재도 있었고요. 2007년 7월, 신규 경전철 뉴스와 2008년 초, 강북 소형 주택에 대한 수요 증가의 영향으로 아파트의 가격이 폭등하기 시작했습니다. 2015년 말 현재, 매입가 대비 8,250만 원이 상승했습니다. 지하철 10분 거리의 대단지 소형 아파트를 산 것이 주효했고, 매매가 대비 전세가가 높아 실제 투자금이 적게 들었기에 수익률이 높습니다.

▲ 임차인 분석

첫 번째 임차인은 할머니였는데 계약은 딸이 하러 왔습니다. 향후 1인 가구가 증가하는 이유 중 하나는 고령화입니다. 며느리는 물론이요

딸도 부모와 함께 살려고 하지 않습니다. 며느리와 살고 싶어 하는 시어머니도 없지요. 결국 자식들이 30~40평대에 살면서 인근에 부모님을 위한 10~20평대 아파트를 얻어드리는 것이 추세입니다.

🏠 결론

제가 구입한 이 물건은 14평형으로 방이 하나인 원룸 타입이었습니다. 사실 투자처로서는 21평형의 방 2개와 거실이 있는 타입이 좋습니다. 이 정도 규모를 선호하는 수요자들이 더 많기 때문입니다.

역발상으로 투자하라

대상	서울시 송파구의 빌라	
매매 방법	일반 매매	
입지	지하철역 5분 거리, 종합병원 3분 거리	
내역	56.1㎡(17평형) (방2, 거실1, 주방, 화장실) 전용면적 : 35.7㎡(10.8평) 대지권 : 18.8㎡(5.69평) 　　　　(평당가 1,754만 원) 총 층수 : 4층(지하 포함) 총 세대수 : 16세대	완공일 : 2002년 2월 1일 계약일 : 2007년 6월 1일, 계약금 100만 원 중도금 : 없음 잔금일 : 2007년 6월 29일, 잔금 2,000만 원 전세 : 7,000만 원 인수

투자금	매입가 : 1억 원 전세가 : 7,000만 원 전세가율 : 70%	대출금 : 없음 실투금 : 3,000만 원
총 비용	취득세 : 100만 원 채권 : 12만 9,546원 등록세 : 120만 원	중개수수료 : 매매 50만 원, 임대 28만 원

임차인	A : 2006년 12월 30일~2년간. 전세 7,000만 원
	B : 2007년 11월 24일~2년간. 전세 7,000만 원
	  2009년 11월~2년간. 전세 8,100만 원
	  2010년 3월~2년간. 전세 8,500만 원
	  2012년 3월~2년간. 전세 1억 1,500만 원
	  2014년 3월~2년간. 전세 1억 2,500만 원
	  2015년 3월~2년간/ 전세 1억 3,000만 원	

시세	2008년 9월 : 매매 1억 4,000만 원, 전세 8,000만 원 2009년 2월 : 매매 1억 5,000만 원, 전세 8,000만 원 2013년 3월 : 매매 1억 5,000만 원, 전세 1억 2,500만 원 2015년 3월 : 매매 1억 5,000만 원, 전세 1억 3,000만 원, 월세 3,000/50만 원 2015년 11월 : 매매 1억 6,500만 원, 전세 1억 4,000만 원	

투자 분석 (2015년 말 기준)	매매가 상승분	6,500만 원	현매매가(1억 6,500만 원) – 매입가(1억 원)
	전세가 상승분	7,000만 원	현 전세가(1억 4,000만 원) – 매입 당시 전세가(7,000만 원)
	실투금	3,000만 원	매입가(1억 원) – 매입 당시 전세가(7,000만 원)
	총 비용	311만 원	취·등록세+법무사 비용+중개수수료+기타
	실투금 대비 매매가 상승률	216%	매매가 상승분 / 실투금×100%

평가 및 느낀 점

🏠 재개발 vs. 임대수요

이 지역이 저평가되었다는 소식을 듣고 일주일 동안 부동산 중개소를 찾아갔지만 소액으로 투자할 만한 물건이 없었습니다. 현장을 둘러보면서 지역적 위치에 비해 발전이 안 됐다는 느낌을 받았는데 알고 보니 이 지역은 문화재 보호구역이었습니다. 재개발이 될 수 없었기에 상대적으로 저렴했던 겁니다. 이 지역 부동산 가격에 거품이 없다는 판단으로 3,000만 원으로 투자할 수 있는 물건을 찾았습니다. 찾은 빌라는 지하철역과 가까웠고 인근에 종합병원이 증축되고 있어서 향후 직원을 더 뽑게 되면 임대수요가 늘겠다는 생각이 들었습니다. 한강과도 가깝고 걸어서 올림픽공원까지 이용할 수 있다는 점이 장점이었지요. 문화재 보호구역으로 투자가치가 없다는 일반적인 생각을 깨고 임대수요 가능성만으로 투자를 결정한 겁니다.

🏠 수요와 공급의 진리

종합병원 증축공사가 끝나면 1,000명 정도의 직원을 추가 증원할텐데, 이 중에는 간호사들이 많습니다. 3교대 근무를 하는 간호사들로 인해 임대수요가 풍부해지겠지요. 결국, 소형 빌라는 공급이 부족한 상황이었습니다. 제가 구입한 물건은 어느 회사에서 직원용 숙소로 지은 빌라였는데, 그 지역 도처에 그런 빌라가 많았습니다.

1998년 완공되고 2002년 등기한 이후 일반인에게 판매하기 시작한 것이었죠. 지하철역 5분 거리, 올림픽공원 3분 거리, 종합병원 3분 거리라는 좋은 위치와 계단으로 반 층 올라가는 1층이라 장점이 있었습니다.

전 날 여러 부동산 중개소에 들러 살펴봤는데, 이렇게 적은 금액으로 투자할 만한 물건 중에는 이보다 나은 게 없겠다 싶어서 마음이 가는 대로 계약해버렸습니다.

♠ 계약부터 잔금일까지

일반적으로 계약을 한 날로부터 2개월 안에 잔금을 치릅니다. 계약하고 1개월 후 중도금을 치르고, 다시 1개월 후 잔금을 치르지요. 그러나 계약 당사자 간의 상황과 여건에 따라서 잔금일까지 1개월이 안 될 수도 있고 2개월이 넘을 수도 있습니다. 중도금 역시 있을 수도 있고 없을 수도 있지요. 이 빌라의 경우 계약하고 잔금을 치르는 데 1개월도 걸리지 않았습니다.

♠ 결론

서울, 그것도 역세권에 위치한 빌라라면 앞으로 그 가치가 더욱 올라갈 가능성이 있습니다. 지하철이 가까우면 차가 없어도 어디든 갈 수 있으니까요. 일본 도쿄의 경우 부동산 위치가 지하철 5분 거리인지, 10분 거리인지 혹은 20분 거리인지에 따라 그 가격이 크게 달라집니다. 지하철역마다 자전거 보관대가 있는데 역세권에 살지 않는 사람은 자전거를 타고 이동해야 하니까요. 우리나라 역시 지하철에서 가까운 집은 투자가치가 있다고 봅니다.

특히 빌라는 관리비 등의 유지비가 가장 적게 들기에 서민들이 선호합니다. 또한 대지권 비율이 높다는 것도 장점이지요. 서울의 빌라를 매입하면 서울 땅을 5평 넘게 구입하는 것과 같습니다. 또 지방의 재개발은 쉽지 않지만 서울의 경우 항상 땅이 부족하기 때문에 재개발을 기대할 수 있습니다.

경락잔금 대출을 이용한 무피투자

대상	경기도 군포시의 오피스텔	
매매 방법	경매	
입지	지하철역 14분 거리, 향후 5분 거리에 지하철역 완공	
내역	33㎡(10평형) (방1, 주방, 화장실) 전용면적 : 24.4㎡(7.4평) 대지권 : 5.94㎡(1.8평) 총 층수 : 9층 총 세대수 약 80세대	완공일 : 2002년 7월 8일 낙찰일 : 2007년 8월 8일, 계약금 380만 원 잔금일 : 2007년 9월 18일, 잔금 3,450만 원

투자금	낙찰가 : 3,830만 원 (감정가 3,800만 원) 전세가 : 4,100만 원 전세가율 : 107%	대출금 : 3,000만 원(전세 나가면서 전액 상환) 실투금 : 없음(270만 원 이익)
총 비용	취득세 : 84만 6,630원 등록세 및 법무사 비용 : 280만 원	중개수수료 : 임대 26만 원, 임대 23만 원 전자키 12만 원, 도배 12만 원
임차인	A : 2007년 10월 28일~1년간. 월세 500/35만 원 B : 2008년 2월 20일~2년간. 전세 4,100만 원 　　 2010년 2월~2년간. 전세 4,500만 원 　　 2012년 2월~2년간. 전세 5,000만 원 　　 2012년 11월~2년간. 전세 5,300만 원 　　 2014년 11월~2년간. 전세 5,300만 원	
시세	2008년 7월 : 동일한 또 다른 오피스텔을 4,120만 원에 낙찰받음 2008년 12월 : 매매 4,800만~5,000만 원, 전세 4,000만 원 2010년 11월 : 매매 5,500만 원, 전세 4,500만 원 2011년 9월 : 매매 5,600만 원, 전세 5,000만 원 2013년 2월 : 매매 6,000만 원, 전세 5,000만 원, 월세 500/35만 원 2015년 11월 : 매매 6,500만 원, 전세 5,000만 원, 월세 500/35만 원	

투자 분석 (2015년 말 기준)	매매가 상승분	2,670만 원	현 매매가(6,500만 원) 　　 - 낙찰가(3,830만 원)
	전세가 상승분	900만 원	현 전세가(5,000만 원) 　　 - 매입 당시 전세가(4,100만 원)
	실투금	없음 (270만 원 이익)	낙찰가(3,830만 원) 　　 - 매입 당시 전세가(4,100만 원)
	총 비용	438만 원	취·등록세 + 법무사 비용 + 중개수수료 + 기타
	실투금 대비 매매가 상승률	무한대	매매가 상승분/실투금×100%

평가 및 느낀 점

🏠 명도가 쉬운 물건

이 오피스텔은 임차인이 전액 배당을 받는 물건이었기에 명도가 쉽다는 게 장점이었습니다. 한 번 더 유찰된 후 입찰하는 것도 전략이 될 수 있었지만 임대수요가 풍부하고 소형 평수가 귀했기 때문에 빨리 결정을 내려야 했지요. 지역적 위치를 감안할 때 저렴한 집도 전세가 3,500만 원 이상은 될 거라는 생각이 들어 첫 입찰에 감정가보다 30만 원 정도 더 써서 단독 입찰하여 낙찰받았습니다. 결과적으로 전세가가 낙찰가보다 높아 투자금이 제로가 된 무피투자가 됐지요. 물론 경락잔금 대출을 이용하게 되어 셀프로 등기할 때보다 법무사 비용이 많이 들었습니다.

🏠 각양각색 임차인

임차인 A의 월세가 매달 늦게 들어오는 바람에 대출금 3,000만 원에 대한 이자를 내는 데 어려움이 있었습니다. 결국 보일러에 대한 불만으로 임차인 A가 나가게 되면서 전세 세입자를 구했고, 이로써 대출잔금을 전액 상환하면서 신경 쓸 부분이 사라졌습니다.

🏠 결론

오피스텔은 아파트와는 다르게 대부분 냉장고, 에어컨, 세탁기 등이 설치되어 있습니다. 따라서 설치된 시설물이나 기기가 고장 나게 되면 임차인이 수리를 요구합니다. 수리비로 꽤 큰 비용이 나가는 경우도 생길 수 있다는 점을 알아둬야 합니다. 특히 오피스텔의 경우 위치가 중요하며 향도 중요합니다. 도심의 오피스텔일 경우 창문을 열었을 때 바로 옆 건물의 벽이 보이는 경우도 있는데, 이런 물건이라면 투자가치가 별로 없겠지요.

전세금을 많이 올리고 싶다면

대상	경기도 광명시의 아파트	
매매 방법	일반 매매	
입지	지하철 10분 거리, 번화가 4거리 안쪽 위치	
내역	62.7㎡(19평형) 전용면적 : 45.5㎡(13.8평) 대지권 : 31.3㎡(9.5평) 총 층수 : 15층 총 세대수 : 2,032세대	완공일 : 1990년 5월 23일 계약일 : 2007년 10월 3일, 계약금 380만 원 잔금일 : 2007년 11월 16일, 잔금 2,000만 원 전세 : 7,600만 원 인수
투자금	매입가 : 1억 3,850만 원 전세가 : 7,600만 원 전세가율 : 55% → 65%	대출금 : 없음 실투금 : 6,250만 원
총 비용	취득세 : 138만 5,000원 등록세 : 166만 2,000원 채 권 : 17만 1,936원	중개수수료 : 69만 2,500원

임차인	A 2006년 10월 29일~2년간. 전세 7,600만 원
	2008년 10월 29일~2년간. 전세 8,800만 원
	2010년 11월~2년간. 전세 1억 원
	2012년 11월~2년간. 전세 1억 1,500만 원
	2014년 11월~2년간. 전세 1억 4,000만 원
시세	2008년 10월 : 매매 2억 원, 전세 9,300만~1억 원
	2009년 9월 : 매매 1억 8,000만 원, 전세 9,000만 원
	2010년 3월 : 매매 1억 6,000만 원, 전세 8,000만 원
	2013년 2월 : 매매 1억 6,000만 원, 전세 1억 2,000만 원, 월세 2,000/55만 원
	2014년 11월 : 매매 2억 1,000만 원, 전세 1억 4,000만 원
	2015년 6월 : 매매 2억 2,000만 원, 전세 1억 5,000만 원
	2016년 1월 : 매매 2억 3,000만 원, 전세 1억 7,000만 원, 월세 2,000/55만 원

투자 분석 (2015년 말 기준)	매매가 상승분	9,150만 원	현 매매가(2억 3,000만 원) − 매입가(1억 3,850만 원)
	전세가 상승분	9,400만 원	현 전세가(1억 7,000만 원) − 매입 당시 전세가(7,600만 원)
	실투금	6,250만 원	매입가(1억 3,850만 원) − 매입 당시 전세가(7,600만 원)
	총 비용	392만 원	취·등록세+법무사 비용+중개수수료+기타
	실투금 대비 매매가 상승률	146%	매매가 상승분/실투금×100%

평가 및 느낀 점

▲ 가격 상승 시기

당시 이 지역은 2013년 강남 순환도로 개통, 리모델링 호재, 경전철, 소화택지 개발, 안양천 개발 혜택과 가산디지털단지(제2의 테헤란밸리) 인근이라는 이점까지 있어 직장인 수요 급등 지역이었습니다.

이러한 갖가지 호재로 가격 상승이 시작되고 있었기에 빠르게 지역 분석을 마친 뒤 바로 투자에 돌입했지요.

부동산 중개소를 통해 5곳에 연락했는데 막상 계약을 하겠다고 하면 집주인들이 다시 500만~1,000만 원 정도의 가격을 올렸습니다. 결국 여러 번의 계약이 무산된 후에야 그 지역에 사는 사람이 아닌 목동에 살고 있는 집주인과 계약을 할 수 있었습니다.

● 전세금 올려서 받기

당시 임차인의 전세 만료기간 3개월 전인 2008년 7월에 부동산 중개소에 전화를 걸었습니다. 시세를 물으니 전세가가 9,000만 원이라고 했습니다. 임차인에게 연락해서 최근 시세를 이야기하며 전세 갱신 의사를 물었습니다. 임차인이 계속 살고 싶다고 하여 저는 시세에서 200만 원을 깎아 8,800만 원에 재계약을 하자고 구두로 약속했습니다. 갱신 1개월 전인 9월에 다시 중개소에 문의했을 때는 전세 시세가 9,500만~1억 원까지 형성되었다고 하더군요. 너무 일찍부터 여름휴가 기간인 비수기에 전화로 알아보고 세입자와 이야기를 나눈 것이 실수였습니다. 어찌 됐든 약속은 약속이기에 8,800만 원에 재계약을 했습니다. 2년 후에는 8월 말이나 9월 초에 시세를 알아보는 것이 좋겠다는 생각이 들었습니다.

🔹 리모델링

매입한 부동산을 리모델링해서 가격을 올리는 전략을 이야기하는 사람들이 많습니다. 그러나 리모델링이 꼭 좋은 것만은 아니라는 생각이 듭니다. 추가 비용이 드는 것은 물론이요, 긴 공사기간에 따른 부채와 이자가 발생하기 때문이지요. 현 상태에서도 소형 오피스텔이나 아파트는 그 희소성 때문에 임대수요가 끊이지 않을 테니 상황에 따라 잘 판단하는 게 좋겠습니다.

🔹 생활 편의시설

이 아파트는 매입 후 1년 만인 2008년에 재건축(증축) 열풍이 불며 매매가가 2억 원까지 치솟았습니다(2016년 현재까지 재건축은 진척 사항이 없습니다). 그로부터 2년 후인 2010년에는 인근에 엄청난 물량의 아파트가 입주하면서 이 아파트 매매가가 1억 6,000만 원까지 하락하고, 전세가도 8,000만 원으로 떨어졌습니다. 그리고 2014년에서야 다시 회복되기 시작했습니다. 경기도 광명은 KTX역이 있긴 하지만 분위기는 다소 썰렁했는데, 이제는 코스트코와 이케아 롯데 프리미엄 아울렛이 들어오면서 2014~2015년 가장 급성장한 곳이 되었습니다. 좋은 직장과 더불어 생활 편의시설까지 갖추게 되면, 그 지역은 상전벽해가 됩니다.

● 결론

부동산 물건을 내놓은 매도자가 해당 아파트에 거주하는 사람일 수도 있지만 다른 지역에 사는 사람일 수도 있습니다. 실제 그 아파트에 살고 있다면 이웃이나 반상회, 자녀의 친구 엄마, 인근 부동산 중개소를 통해 현재 시세와 분위기를 파악하고 있는 경우가 많지요.

제가 아파트를 매입할 당시엔 이 지역 부동산 가격이 막 오르기 시작할 때라 매물이 빠르게 빠지고 있었습니다. 이러한 정보를 듣자마자 가서 계약하려 했지만 모든 집주인들이 가격을 올렸고 멀리 목동에 사는 사람만 이곳 시세와 분위기를 모르다 보니 내게 집을 매도한 것 같습니다. 그렇게 제가 집을 매입하고 난 2~3일 후에 이 지역 부동산에 관심을 갖고 들어온 이들은 모두 저보다 500만~1,000만 원 정도를 더 주고 동일한 평수의 아파트를 매입했습니다. 단 2~3일 만에도 이런 변화가 생길 수 있는 겁니다.

투자자 입장에서 바꿔서 생각한다면, 소유한 부동산이 거리상 멀리 있다고 해도 6개월에 한 번 정도는 인근 부동산 중개소에 전화해서 그곳 분위기가 어떤지 알아보는 것이 중요합니다. 만약 소유한 부동산이 전국에 흩어져 있다면 우리나라 전국의 부동산 분위기까지 알 수 있을 겁니다.

유치권에 도전하다

대상	서울시 금천구의 오피스텔	
매매 방법	경매	
입지	지하철역, 대형 마트 5분 거리, 인근에 공장과 회사가 다수 있음	
내역	62.7㎡(19평형) 전용면적 : 34.3㎡(10.4평) 대 지 권 : 10.6㎡(3.2평) 총 층수 : 8층 총 세대수 : 122세대	완공일 : 2004년 12월 17일 낙찰일 : 2008년 2월 11일, 계약금 326만 원 잔금일 : 2008년 3월 21일, 잔금 4,685만 원 전세 6,500만 원 인수
투자금	매입가 : 5,011만 원 　　　(감정가 7,937만 원) 전세가 : 6,500만 원 전세가율 : 130%	대출금 : 없음 실투금 : −1,489만 원
총 비용	취득세 : 110만 2,420원 등록세 및 기타 : 192만 원 채 권 : 11만 1,554원	중개수수료 : 35만 원 기타 : 시설비 550만 원, 조명 19만 원, 　　　전자레인지 8만 원, 가스레인지 22만 원, 　　　인도명령11만 원, 도배 50만 원, 　　　매각이전 24만 원
임차인	A : 2008년 9월 1일~2년간, 전세 6,500만 원 　　2010년 7월~2년간, 전세 6,500만 원 　　2012년 7월~2년간, 전세 7,000만 원 　　2012년 11월~2년간, 전세 7,500만 원 　　2014년 11월~2년간, 전세 8,000만 원	
시세	2008년 10월 : 매매 9,000만 원, 전세 6,500만 원 2012년 9월 : 매매 1억 1,000만 원, 전세 9,000만 원 2015년 5월 : 매매 1억 1,000만 원, 전세 8,000만 원	

투자 분석 (2015년 말 기준)	매매가 상승분	5,989만 원	현 매매가(1억 1,000만 원) － 낙찰가(5,011만 원)
	전세가 상승분	1,500만 원	현 전세가(8,000만 원) － 매입 당시 전세가(6,500만 원)
	실투금	없음 (1,489만 원 이익)	낙찰가(5,011만 원) － 매입 당시 전세가(6,500만 원)
	총 비용	914만 원	취·등록세＋법무사 비용＋중개수수료＋기타
	실투금 대비 매매가 상승률	무한대	매매가 상승분/실투금×100%

평가 및 느낀 점

🔹 완공 직전 부도 난 물건

이 오피스텔의 경우 임대수요가 많고, 유치권이 없는 물건이라는 판단이 들어 입찰했습니다. 다행히 저렴하게 낙찰받을 수 있었습니다. 다만, 완공 직전에 부도가 난 오피스텔이었기 때문에 전자레인지, 가스레인지 등의 내부 집기를 마련하고 각종 설치에 추가로 700만 원 정도의 비용이 들었지요. 낙찰가가 5,011만 원이었고 이렇게 총 비용으로 914만 원이 들었지만 6,500만 원에 전세 세입자를 받게 되면서 투자금이 들지 않은 것은 물론 오히려 돈을 받는 상황이 되었습니다.

🔹 유치권을 주장하는 점유자

세입자를 구하면서 모든 게 순조롭게 진행되는 듯 보였으나, 유치권을 주장하는 점유자가 나타나면서 상황이 좀 어렵게 흘러갔습니다. 그들은 2심, 3심까지 계속 소송을 하면서 오피스텔에 살고 있는 세입자를 찾아가 불법으로 거주하고 있는 것이라며 겁을 주었습니다.

이처럼 세입자에게 계속 불안감을 조성하는 바람에 저는 세입자를 설득하고 또 다른 세입자를 구하는 과정에서 많은 고생을 하게 됐습니다. 그동안의 낙찰자는 이처럼 싸우는 게 싫어서 유치권자가 원하는 대로 돈을 주고 합의를 했지만, 저는 만 2년 넘게 그와 싸우며 대법원 판결까지 가서 결국 이겼습니다. 그 모든 소송이 2010년 말에 끝났습니다.

▲ 결론

2년간의 소송기간 동안 몇백만 원의 비용이 나갔고, 유치권이 있는 물건은 경락잔금 대출을 받을 수 없었기에 낙찰가 5,011만 원도 전부 제 돈으로만 투자를 해야 했습니다.

유치권을 해결하는 것은 정말 쉬운 일이 아닙니다. 정말 배짱이 있어야 할 것 같습니다. 앞으로 유치권이 얽혀 있는 물건이라면 절대 투자하지 않겠다는 생각이 들 정도로 마음고생이 심했던 물건이었습니다.

부동산 흐름을 예상하라

대상	경기도 군포시의 아파트	
매매 방법	일반 매매	
입지	지하철 1분 거리, 백화점이 인접한 번화가	
내역	62.7㎡(19평형) 전용면적 : 41.3㎡(12.5평) 대 지 권 : 27.6㎡(8.39평) 총 층수 : 20층 총 세대수 : 2,965세대	완공일 : 1995년 7월 29일 계약일 : 2008년 3월 7일, 계약금 1,500만 원 잔금일 : 2008년 4월 9일, 잔금 4,100만 원 전세 8,300만 원 인수
투자금	매입가 : 1억 3,900만 원 전세가 : 8,300만 원 전세가율 : 60%	대출금 : 없음 실투금 : 5,600만 원
총 비용	취득세 : 139만 원 등록세 : 139만 원 법무사 비용 및 기타 : 91만 원	중개수수료 : 69만 5,000원
임차인	A : 2007년 12월 7일~2년간. 전세 8,300만 원 　2009년 12월~2년간. 전세 8,900만 원 　2011년 11월~2년간. 전세 1억 1,000만 원 　2013년 11월~2년간. 전세 1억 3,000만 원 　2014년　9월~2년간. 전세 1억 3,000만 원	
시세	2009년 1월 : 매매 1억 5,500만 원, 전세 8,300만 원 2013년 2월 : 매매 1억 6,000만 원, 전세 1억 2,000만 원 2015년 5월 : 매매 1억 9,000만 원, 전세 1억 4,000만 원	

투자 분석 (2015년 말 기준)	매매가 상승분	5,100만 원	현 매매가(1억 9,000만 원) − 매입가(1억 3,900만 원)
	전세가 상승분	5,700만 원	현 전세가(1억 4,000만 원) − 매입 당시 전세가(8,300만 원)
	실투금	5,600만 원	매입가(1억 3,900만 원) − 매입 당시 전세가(8,300만 원)
	총 비용	439만 원	취·등록세＋법무사 비용＋중개수수료＋기타
	실투금 대비 매매가 상승률	91 %	매매가 상승분/실투금×100%

평가 및 느낀 점

🔘 예상은 적중했다

군포시는 경기도 지역이지만 서울과 매우 가까운 1기 신도시이고, 아파트가 지하철 1분 거리라 위치가 좋다고 생각했습니다. 특히 서울 강북의 소형 아파트 가격이 상승하면서 이후 광명의 부동산 가격이 오르더니, 안양이 오르는 시점이었습니다. 저는 그 힘이 산본과 군포로 내려올 것이라고 추측하며 매입을 결정했지요. 예상은 적중했습니다. 계약 후 잔금을 치르는 1개월 사이 매매가는 1억 6,000만 원까지 상승했습니다.

🔘 가격 변화의 이동

2007년 말 서울 강북의 소형 부동산 가격의 상승은 노원구, 도봉구, 강북구가 진앙이었으며, 이 여파는 시차를 두고 광명, 산본, 군포와 같은 경기도까지 퍼져갔습니다.

▲ 결론

이 아파트의 매매가는 많이 오르지 않았지만 전세가는 꾸준히 올랐습니다. 지하철역과 가까운 데다 방 2개에 거실이 있는 아파트였기에 그간의 모든 세입자가 신혼부부였습니다. 백화점이 인근에 있고 번화가라 생활이 편리하다는 장점이 있지요. 이러한 물건이야말로 계속 보유하고 있어도 좋을 투자가치 있는 부동산입니다.

역세권과 부동산 가격

대상	충남 천안시의 아파트	
매매 방법	일반 매매	
입지	지하철역 5분 거리, 대형마트 인접	
내역	66㎡(20평형) 전용면적 : 49.5㎡(15평) 대 지 권 : 31㎡(9.4평) 총 층수 : 14층 총 세대수 : 352세대	완공일 : 1004년 12월 17일 계약일 : 2008년 3월 28일, 계약금 650만 원 잔금일 : 2008년 11월 16일, 잔금 −450만 원 전세 5,000만 원 인수
투자금	매입가 : 6,500만 원 전세가 : 5,000만 원 전세가율 : 77%	대출금 : 1,300만 원 실투금 : 200만 원

총 비용	취득세 : 65만 원 등록세 : 65만 원 법무사 비용 및 기타 : 55만 원	중개수수료 : 32만 5,000원
임차인	A : 2008년 4월 30일~2년간, 전세 5,000만 원 B : 2010. 4.30 ~ 2년간 전세 6,500만 원 B : 2012. 4.30 ~ 2년간 전세 8,000만 원 C : 2014. 4.30 ~ 2년간 전세 9,000만 원 C : 2014. 4.30 ~ 2년간 전세 9,000만 원	
시세	2008년　6월 : 매매 7,300만 원, 전세 6,000만 원 2008년 10월 : 매매 8,000만 원, 전세 6,000~6,500만 원 2009년　2월 : 매매 7,500만 원, 전세 5,500만~5,800만 원(대출 없을 경우) 2010년　2월 : 매매 7,900만 원, 전세 6,500만 원 2011년　1월 : 매매 8,000만 원, 전세 7,000만 원 2013년　3월 : 매매 1억 2,000만 원, 전세 9,000만 원 2014년 11월 : 매매 1억 3,000만 원, 전세 9,500만 원 2015년　1월 : 매매 1억 3,000만 원, 전세 9,000만 원 2016년　1월 : 매매 1억 2,000만 원, 전세 9,000만 원	

투자 분석 (2015년 말 기준)	매매가 상승분	5,500만 원	현 매매가(1억 2,000만 원) 　　　　　　 − 매입가(6,500만 원)
	전세가 상승분	4,000만 원	현 전세가(9,000만 원) 　　　− 매입 당시 전세가(5,000만 원)
	실투금	200만 원	매입가(6,500만 원) 　　　− 매입 당시 전세가(5,000만 원) 　　　　　　 − 대출금(1,300만 원)
	총 비용	218만 원	취·등록세＋법무사 비용＋중개수수료＋기타
	실투금 대비 매매가 상승률	2,750%	매매가 상승분/실투금×100%

평가 및 느낀 점

■ 임대사업자가 되려면

2008년 당시 임대사업자로 등록하려면 동일 시, 군, 구에 5채 이상의 주택을 임대하고 있어야만 했습니다. 최저 금액으로 5채의 부동산을 매입할 수 있는 투자처를 찾던 중 이 지역의 다른 아파트가 전세가에 근접한 가격에 경매로 나오고 있다는 것을 알게 됐습니다. 이를 조사하면서 이 지역에 지하철역이 연말에 개통된다는 정보를 얻게 되어 신설되는 지하철역 인근 아파트를 찾기 시작했지요. 지하철역 최고 수혜 아파트는 w아파트였습니다. 단지도 크고 생활 편의시설도 잘 갖춰져 있어 살기 좋아 보였는데, 문제는 가격이 약간 비쌌습니다. 결국 단지도 작고 좀 낡아 보이는 이 아파트가 투자금이 가장 적게 들어가기에 투자하기로 결정했지요.

■ 지역 조례가 중요하다

온라인상에서 임대사업 시 취득세가 면제된다는 정보를 얻어 자료를 가지고 시청 세정과에 가서 5채의 아파트에 대한 취득세 면제를 문의했습니다. 그런데 지역 조례상 신축 아파트를 매입했을 때는 가능하지만 기존 아파트를 매입했을 때는 불가능하다는 답변이 돌아왔습니다. 임대사업자로서 취득세 면제에 관한 사안은 그 지역의 조례가 더 우선합니다. 혜택을 받고 싶다면 이를 잘 살펴보는 게 좋습니다.

⚓ 대출 승계 및 상환

시영, 주공 아파트의 경우 기본융자라는 것이 있습니다. 분양받은 후 저금리로 장기간 동안 원금과 이자를 갚는 대출을 말합니다. 투자 시 대출을 받지 않는 것이 원칙이지만 특이하게 느껴져 5채 중 단 1채에 대해서 대출을 받아보기로 했습니다. 계약금을 650만 원을 냈으나 잔금일에 전세금과 대출금을 승계받으니 오히려 전 집주인에게 450만 원을 돌려받는 상황이 됐습니다. 결론적으로, 단 200만 원으로 20평 아파트를 구입한 것이지요. 1,300만 원 대출의 원금과 이자를 합해 2012년까지 매달 고정 9만 원의 이자를 납입하다가 2012년에 전세 상승분으로 전액 상환했습니다.

⚓ 수익률

투자금 자체가 200만 원으로 매우 적었고, 불과 몇 개월 사이에 매매가가 2,000만 원 오르면서 투자금 대비 10배의 가격 상승이 있었습니다. 수익률을 따진다면 1,000%입니다.

⚓ 결론

천안은 충청남도에 속하지만 지하철이 서울까지 연결되어 있다는 것이 매우 큰 강점입니다. 대도시와 지방도시를 나누는 가장 큰 기준이 바로, 지하철입니다. 같은 경기도라고 해도 심지어 거리상으로는 서울과 더 가깝다고 해도 지하철로 연결되지 않는다면 그만큼 부동산 가치는 떨어집니다.

광역시에는 지하철이 있습니다. 지방의 읍, 면, 리의 인구는 줄어도 지하철이 있는 광역시의 인구는 줄지 않습니다. 동탄 신도시의 매매가는 33평이 3억 6,000만 원, 동백 신도시는 3억 3,000만 원 정도이지만, 광교 신도시는 지하철이 있기에 같은 평수대의 아파트 가격이 5억~6억 원입니다. 그런데 동백보다 지리상 서울과 더 멀리 있는 동탄 2신도시의 시범단지는 현재 5억 원입니다. 왜 그럴까요? 1년 후 지하철역이 생기기 때문입니다. GTX, KTX역도 함께 생깁니다. 2015년 말 현재의 동탄 2신도시의 시범단지 가격은 1년 후 지하철역이 생기는 것을 먼저 반영한 가격입니다. 이처럼 지하철은 부동산투자 시 매우 유심히 보아야 할 사항입니다.

이후 시세 변화

2008년 가을까지 상승하던 매매가와 전세가가 2009년 1월부터 하락하기 시작했습니다. 삼성 이건희 회장이 구속된 시기였습니다. 천안 지역은 삼성의 영향을 크게 받는 지역이라 당시 천안 전체의 상가 경기는 물론 부동산 경기도 어려웠습니다. 그 후 2011년부터는 다시 매매가와 전세가 모두 꾸준히 상승했습니다. 삼성의 경기가 좋았을 때입니다. 그리고 최근 2015년에는 매매가와 전세가가 내려가고 거래가 되지 않는 극심한 하락을 맞았습니다. 삼성전자의 실적이 좋지 않은 데다, 대규모 삼성전자 공단이 평택에 들어서면서 이곳으로 많은 직원들이 이동했기 때문입니다. 특히 천안에 신규 공급 물량이 어마어마하다는 것도 한몫하는데, 2018년까지 6만 세대가 입주할 예정입니다. 1가구를 3.5명으로 계산하면 21만 명의 인구가 들어오는 것이기에 공급 물량 폭탄이라고 봐야 합니다. 주택의 공급이 늘고 수요가 줄어드는 최악의 상황이 천안에 도래했습니다.

임차 중개수수료는 누가?

대상	충남 천안시의 아파트	
매매 방법	일반 매매	
입지	지하철역 5분 거리, 대형 마트 인접	
내역	66㎡(20평형) 전용면적 : 49.5㎡(15평) 대지권 : 31㎡(9.4평) 총 층수 : 14층 총 세대수 : 352세대	완공일 : 1994년 12월 17일 계약일 : 2008년 3월 28일, 계약금 645만 원 잔금일 : 2008년 5월 14일, 잔금 5,800만 원 전세 5,300만 원 인수
투자금	매입가 : 6,450만 원 전세가 : 5,300만 원 → 5,700만 원 전세가율 82% → 88%	대출금 : 없음 실투금 : 1,150만 원 → 750만 원

총 비용	취득세 + 등록세 + 기타 비용 + 법무사 비용 = 176만 원	중개수수료 : 32만 2,500원 도배, 장판 : 65만 원
임차인	A : 2008년 5월 14일~1년간. 전세 5,300만 원 B : 2009년 3월 7일~2년간. 전세 5,700만 원(+400만 원)	
시세	2008년 6월 : 매매 7,300만 원, 전세 6,000만 원 2008년 10월 : 매매 8,000만 원, 전세 6,000~6,500만 원 2009년 2월 : 매매 7,500만 원, 전세 5,500만 원 2010년 2월 : 매매 7,900만 원, 전세 6,500만 원 2011년 1월 : 매매 8,000만 원, 전세 7,000만 원 2013년 3월 : 매매 1억 2,000만 원, 전세 9,000만 원 2014년 11월 : 매매 1억 3,000만 원, 전세 9,500만 원 2015년 1월 : 매매 1억 3,000만 원, 전세 9,000만 원 2016년 1월 : 매매 1억 2,000만 원, 전세 9,000만 원(전혀 거래 없음. 빙하기)	

투자 분석 (2016년 초 기준)	매매가 상승분	5,550만 원	현 매매가(1억 2,000만 원) 　　　　　 - 매입가(6,450만 원)
	전세가 상승분	3,700만 원	현 전세가(9,000만 원) 　　　　　 - 매입 당시 전세가(5,300만 원)
	실투금	750만 원	매입가(6,450만 원) 　　　　　 - 매입 당시 전세가(5,700만 원)
	총 비용	274만 원	취·등록세＋법무사 비용＋중개수수료＋기타
	실투금 대비 매매가 상승률	740%	매매가 상승분 / 실투금 ×100%

평가 및 느낀 점

🏠 임차 기간을 채우지 못한 세입자

임대사업자 등록을 위해 매입한 5채 중 2번째로 구입한 아파트입니다. 그런데 2009년 3월에 기존 세입자가 개인 사정으로 나가게 됐습니다. 덕분에 새로운 세입자가 들어오면서 전세보증금이 400만 원 증가하면서 실제 투자금은 750만 원으로 줄어들었습니다.

▣ 결론

세입자가 계약 시 약속한 임차 기간을 채우지 못하고 개인적인 사정 등으로 이사를 가게 될 경우, 누가 임차 중개수수료를 내야 할까요? 바로 집주인이 아닌 세입자입니다. 계약 기간이 만료된 이후에는 집주인이 새로운 세입자를 구해야 하므로 당연히 집주인이 중개수수료를 내야 하지만, 그 이전이라면 새로운 세입자를 구하는 데 드는 중개수수료를 전 세입자가 내야 한다는 걸 기억하세요. 그런데 계약 만료 기간이 1개월 정도 남은 시점이라면 어떨까요? 정확한 기준은 없습니다. 그러나 저의 경우 계약 만료 3개월 전부터는 집주인인 제가 임차 중개수수료를 부담하는 것으로 하고 있습니다.

대단지 아파트를 잡아라

대상	충남 천안시의 아파트
매매 방법	일반 매매

입지	지하철역 10분 거리, 대형 마트 인접	
내역	66㎡(20평형) 전용면적 : 50.2㎡(15.2평) 대지권 : 23.8㎡(7.2평) 총 층수 : 15층 총 세대수 : 1,423세대	완공일 : 2000년 9월 4일 계약일 : 2008년 4월 1일, 계약금 700만 원 잔금일 : 2008년 5월 16일, 잔금 6,400만 원 전세 6,000만 원 인수
투자금	매입가 : 7,100만 원 전세가 : 6,000만 원 전세가율 : 85%	대출금 : 없음 실투금 : 1,100만 원
총 비용	취득세 + 등록세 + 기타 비용 + 법무사 비용 = 193만 원	중개수수료 : 35만 5,000원 방충망 : 8만 5,000원, 열쇠 : 3만 원, 도배 : 20만 원
임차인	A : 2008년 5월 15일~2년간, 전세 6,000만 원	
시세	2008년 6월 : 매매 8,300만 원, 전세 6,000만 원 2009년 3월 : 매매 8,500만 원, 전세 6,500만 원 2010년 3월 : 매매 8,500만 원, 전세 6,700만 원 2010년 10월 : 매매 8,800만 원, 전세 7,000만 원 2011년 9월 : 매매 1억 2,500만 원, 전세 1억 원 2012년 9월 : 매매 1억 3,000 만 원, 전세 9,000만 원 2013년 3월 : 매매 1억 3,500만 원, 전세 9,000만 원, 월세 1,000/50만 원 2014년 9월 : 매매 1억 6,000만 원, 전세 1억 2,500만 원 2015년 5월 : 매매 1억 4,500만 원, 전세 1억 1,500만 원 2016년 1월 : 매매 1억 4,000만 원, 전세 1억 500만 원	

투자 분석 (2016년 초 기준)	매매가 상승분	6,900만 원	현 매매가(1억 4,000만 원) 　　　　　　　 − 매입가(7,100만 원)
	전세가 상승분	4,500만 원	현 전세가(1억 500만 원) 　　　　 − 매입 당시 전세가(6,000만 원)
	실투금	1,100만 원	매입가(7,100만 원) 　　 − 매입 당시 전세가(6,000만 원)
	총 비용	260만 원	취·등록세 + 법무사 비용 + 중개수수료 + 기타
	실투금 대비 매매가 상승률	627%	매매가 상승분 / 실투금 ×100%

평가 및 느낀 점

🏠 전세 매물이 함께 나올 위험

임대사업자 등록을 위해 구입한 5채 중 5번째로 구입한 아파트입니다. s아파트가 워낙 단지가 작아서 같은 곳에 5채를 가지고 있으면 자칫 전세 매물이 함께 나올 수 있겠다는 생각이 들었습니다. 공급이 많으면 가격이 내려갈 수밖에 없지요. 그래서 같은 지역의 다른 단지라는 조건으로 물건을 찾던 중 단지가 크고 주변 사람들의 선호도가 높은 이 아파트가 시세보다 싸게 나와 있어서 매입했습니다. 실제 투자금은 s아파트보다 400만 원 저렴한 1,100만 원이었습니다.

🏠 대단지 아파트의 장점

이 아파트의 경우 세대수가 1,423세대로 먼저 투자한 아파트의 단지보다 4배가 큰 대단지입니다. 같은 조건이라면 대단지 아파트에 투자하는 것이 좋습니다. 그럼, 어떻게 단지의 기준을 나눌까요? 700~800세대가 일반적인 세대수라고 보며, 이를 기준하여 더 많은 세대수는 대단지, 더 적은 세대수는 소단지로 보면 됩니다. 단지가 크면 인근에 편의시설이 많기 때문에 생활하기 편리하고, 학교, 주민센터, 쇼핑시설, 음식점 등이 다양하게 들어와 있어 투자가치가 큽니다.

관리비는 세대수로 나누어 내게 됩니다. 만약 관리실 직원이 10명이라면 10명의 월급을 1,423명이 나누는 것과 352명이 나누는 것은 다르겠지요? 따라서 소단지일 경우 관리비에 대한 개별 부담금이 커집니다. 50세대가 사는 타운 하우스(주택)는 이러한 이유로 많은 관리비를 내는 것이죠. 부동산투자 시 가급적이면 대단지 물건을 찾으시기 바랍니다.

🏠 이후 시세 변화

이 부동산은 제가 투자한 물건 중에서도 가장 선호도가 높은 아파트로서 이 지역 부동산 가격의 척도였습니다. 사실 2009년에 발간한 저의 책《노후를 위해 집을 저축하라》로 인해 바람을 많이 탄 부동산이기도 합니다. 2011년 매매가와 전세가가 크게 올랐고, 2014년에는 최고점을 찍었습니다. 그런데 이후 2년이 지난 2016년 초 현재, 매매가와 전세가가 각각 2,000만 원 하락했습니다. 이 가격도 호가일 뿐 실제로는 거래가 전혀 되지 않고 있습니다. 원인은 앞에서 말했듯 어려워진 삼성 경기, 평택 공단으로의 직원 이동, 6만 세대 공급 폭탄입니다. 만약 2014년에 1억 2,500만 원에 전세 세입자를 받았다면 2016년 9월에는 세입자에게 2,000만 원을 돌려줘야 하는 상황인 겁니다. 전세가가 상승했을 경우 기존 세입자라면 사정이 어렵다며 임대인에게 가격을 좀 깎아달라는 말을 할 수 있지만, 전세가가 하락했을 경우엔 세입자가 결코 임대인의 사정을 봐주지 않습니다. 세입자가 나쁘기 때문이 아닙니다. 결국 임대인은 이러한 상황까지 감안해서 대비해야 합니다. 어떻게 대비해야 할까요? 저는 처음엔 전세 세입자를 받다가 이후에는 반전세로, 다시 월세로 전환하는 전략으로 가야 한다고 생각합니다.

투자 당시 지역 분석으로 각종 리스크를 조사한 뒤 투자했다고 해도 매년 그 지역이 어떻게 변하고 있는지, 새로운 이슈는 무엇인지 등을 수시로 체크해야 합니다. 가장 중요한 것은 인구 변동입니다. 그 지역에 직장인의 수요가 늘어나는지 줄어드는지, 새로운 아파트 분양으로 인구가 늘어나는지 등을 살펴야 합니다. 아차 하는 사이에, 가격을 내려도 거래가 되지 않는 최악의 상황이 발생할 수도 있습니다.

가격 상승이 확실한 투자처

대상	경기도 수원시의 오피스텔	
매매 방법	일반 매매	
입지	1분 거리에 향후 지하철역이 들어옴, 공원 인접, 길 건너에 시청과 마트가 있음	
내역	56.1㎡(17평형) 전용면적 : 32.3㎡(9.8평) 대지권 : 5㎡(1.52평) 총 층수 : 12층 총 세대수 : 403세대	완공일 : 2004년 10월 20일 계약일 : 2008년 3월 27일, 계약금 735만 원 중도금일 : 없음 잔금일 : 2009년 5월 9일, 잔금 6,615만 원

투자금	매입가 : 7,350만 원 전세가 : 6,500만 원 전세가율 : 88%	대출금 : 없음 실투금 : 850만 원
총 비용	취득세 + 등록세 + 기타비용 + 법무사 비용 = 385만 원	중개수수료 : 50만 원
임차인	A : 2008년 4월 24일~1년간. 전세 6,500만 원 　　2010년 9월~1년간. 전세 8,200만 원 　　2011년 9월~1년간. 전세 9,500만 원 　　2012년 9월~1년간. 전세 9,900만 원 　　2013년 9월~1년간. 전세 1억 500만 원 　　2014년 9월~1년간. 전세 1억 1,000만 원 　　2015년 9월~1년간. 전세 1억 1,000만 원	
시세	2008년　9월 : 매매 8,200만 원, 전세 6,500만 원 2009년　2월 : 매매 8,300만 원, 전세 6,500만 원 2010년 12월 : 매매 1억 1,600만 원, 전세 9,000만 원 2011년　9월 : 매매 1억 2,500만 원, 전세 9,200만 원 2012년　7월 : 매매 1억 2,500만 원, 전세 1억 원 2013년　3월 : 매매 1억 2,500만 원, 전세 1억 1,000만 원, 월세 1,000/55만 원 2015년 11월 : 매매 1억 3,000만 원, 전세 1억 2,000만 원, 월세 1,000/57만 원	

투자 분석 (2015년 말 기준)	매매가 상승분	5,650만 원	현 매매가(1억 3,000만 원) 　　　　　　　 − 매입가(7,350만 원)
	전세가 상승분	5,500만 원	현 전세가(1억 2,000만 원) 　　　　　　 − 매입 당시 전세가(6,500만 원)
	실투금	850만 원	매입가(7,350만 원) 　　　　　 − 매입 당시 전세가(6,500만 원)
	총 비용	435만 원	취·등록세 + 법무사 비용 + 중개수수료 + 기타
	실투금 대비 매매가 상승률	664%	매매가 상승분 / 실투금 ×100%

평가 및 느낀 점

♠ 확실히 높은 전세가율

경기도 수원에서 투자할 만한 오피스텔을 조사하다가 이 물건을 찾 았습니다. 전세가율이 거의 90%에 육박하여 투자금이 적게 들어간 다는 것이 가장 큰 장점이었습니다. 또 인근에 공원이 있어 쾌적하고 가까운 거리에 시청과 백화점 등이 있기에 임대수요가 있겠다고 판 단했습니다. 특히 향후 지하철역(수원시청역)이 생기면 임대가가 상 승할 것으로 보였습니다.

♠ 가격이 하락하는 자산, 상승하는 자산?

이 오피스텔을 매입하는 데 순수한 실제 투자금과 각종 비용을 합해 총 1,285만 원이 소요됐습니다. 당시 제게 헬스를 지도해주던 코치 가 1,500만 원짜리 수입 오토바이를 산다기에, 그러지 말고 그 돈으 로 소형 오피스텔을 전세 끼고 하나 사두라고 조언했습니다. 하지만 그는 거절했고 결국 이 오피스텔은 제가 구입했지요.

　오토바이는 구입하는 그 순간부터 차츰 가격이 하락하지만, 전세 가율이 높고 이렇게 임대가 잘나가는 지역의 오피스텔은 시간이 지 날수록 매매가와 임대가가 함께 상승한다는 것을 그는 이해하지 못 한 것 같습니다.

▲ 결론

이 물건이 위치한 지역은 수원에서도 주거, 공원, 백화점, 관공서, 사무실 등이 밀집한 지역입니다. 더불어 지하철역이 곧 생길 예정이어서 계속 보유하면 반드시 좋은 결과가 나오리라 예상했지요. 실제 2013년 말 지하철이 생긴 후로 임대수요가 더욱 많아졌습니다. 좋은 위치에 있는 부동산은 지속적으로 수익을 냅니다. 이 지역의 가장 큰 장점은 임대수요가 매우 풍부하다는 겁니다. 세를 내놓으면 단 3일 안에 세입자를 구할 수 있을 정도입니다. 오피스텔임에도 따로 창고로 쓸 수 있는 방이 있어서 세입자들이 매우 좋아합니다.

이 오피스텔에 거주하는 이들은 매우 다양합니다. 수원시청의 공무원, 인계동의 사무실 직원, 갤러리아백화점 직원, 삼성전자 직원, 대학생 등이지요. 이처럼 복합적인 계층에게 임대할 수 있는 부동산은 불경기에 매우 강하다는 게 특징입니다.

오피스텔이라서 세금과 중개수수료가 비싸다는 것을 제외하고는 아주 만족스러운 부동산입니다. 핵심 지역에 위치한 부동산은 이를 대체할 수 있는 다른 물건이 생길 수 없다는 게 가장 좋습니다. 고가의 명품 차나 가방은 또 만들 수 있지만, 핵심 입지의 부동산은 그 위치보다 더 좋은 곳에 비슷한 물건을 지을 수 없으니까요. 이것이 부동산만이 가진 특징입니다.

지방 핵심 도시에 주목하라

대상	충남 서산시의 아파트	
매매 방법	일반 매매	
입지	지은 지 2년이 된 유명 브랜드의 아파트, 지역 내에서 선호도가 높은 동네	
내역	75.9㎡(23평형) 전용면적 : 59㎡(17.9평) 대지권 : 34.3㎡(10.4평) 총 층수 : 15층 총 세대수 : 790세대	완공일 2006년 10월 19일 계약일 2008년 6월 26일, 계약금 1,250만 원 중도금일 : 없음 잔금일 2008년 8월 31일, 잔금 1억 50만 원
투자금	매입가 : 1억 1,300만 원 전세가 : 8,700만 원 전세가율 : 77%	대출금 : 없음 실투금 : 2,600만 원
총 비용	취득세 : 113만 원 등록세, 법무사 비용 및 기타 : 190만 원	중개수수료 : 56만 원
임차인	A : 2008년 8월 29일~2년간. 전세 8,700만 원 　　 2010년 8월 27일~2년간. 전세 1억 1,200만 원 　　 2012년 8월 24일~2년간. 전세 1억 4,000만 원 　　 2014년 8월 22일~2년간. 전세 1억 6,000만 원	
시세	2008년 　9월 : 매매 1억 3,000만 원, 전세 9,000만 원 2009년 　2월 : 매매 1억 2,000만 원, 전세 9,000만 원 2010년 11월 : 매매 1억 5,000만 원, 전세 1억 3,000만 원 2011년 　9월 : 매매 1억 7,000만 원, 전세 1억 5,000만 원 2012년 　8월 : 매매 1억 7,000만 원, 전세 1억 4,000만 원 2015년 11월 : 매매 2억 원, 전세 1억 6,000만 원, 월세 2,000/80만 원	

투자 분석 (2015년 말 기준)	매매가 상승분	8,700만 원	현 매매가(2억 원) 　　　　　− 매입가(1억 1,300만 원)
	전세가 상승분	7,300만 원	현 전세가(1억 6,000만 원) 　　　　　− 매입 당시 전세가(8,700만 원)
	실투금	2,600만 원	매입가(1억 1,300만 원) 　　　　　− 매입 당시 전세가(8,700만 원)
	총 비용	359만 원	취·등록세＋법무사 비용＋중개수수료＋기타
	실투금 대비 매매가 상승률	334%	매매가 상승분 / 실투금 ×100%

평가 및 느낀 점

🔹 유일한 대도시

경매 물건을 조사하기 위해 충남 서산에 방문했다가 대산 산업단지로 인해 이 지역에 인구가 유입되고 있다는 것을 확인할 수 있었습니다. 또한 서산시는 항아리 모형으로 툭 튀어나온 지형의 중심에 위치한 유일한 대도시였기에 향후 인구가 더 많이 유입될 것으로 보였습니다.

남편이 대기업 산업단지에서 근무하면 아내는 인근에서 가장 큰 도시에서 살고 싶어 합니다. 이유는 자녀 교육 때문이지요. 무엇보다 대기업이 지은 유명 브랜드의 아파트인 데다 기본 인테리어, 기본 확장까지 완료된 아파트라서 세가 잘나갈 것으로 보였습니다. 이후도 현대 제철 등 여러 기업이 더 들어왔습니다.

▣ 인구 유입

서울이나 수도권이 아닌 지방이라고 해도 그 지역에 좋은 직장이 들어서게 되면 자연스럽게 인구가 유입됩니다. 이에 따라 소형 주택에 대한 수요가 늘어날 수밖에 없습니다.

향후 이 지역에 새 아파트가 지어지면 가격이 더욱 올라갈 것으로 보입니다. 왜 그럴까요? 기존 아파트 옆에 새 아파트가 비싸게 분양할 경우, 기존 아파트의 가격도 신규 아파트 가격의 80% 이상으로 따라가는 것이 일반적이기 때문입니다.

▣ 결론

대기업들이 이 지역 몇 곳에 투자했다는 소식을 들었습니다. 한 지역에 좋은 직장이 들어오게 되면 직장인들이 그 지역에서 가장 큰 도시에서 주거할 곳을 찾을 가능성이 큽니다. 유치원과 학교, 병원 등 생활편의시설 등이 필요하기 때문입니다. 저의 예상대로 세입자들은 모두 젊은 신혼부부들이었습니다.

지하철도 없는 서해안 지역이지만 그 지역에서는 가장 핵심 도시이므로 인근에 산업단지가 생기면서 꾸준히 성장하고 있기에 향후 전망이 밝습니다.

단점을 능가하는 강점이 있는가?

대상	경기도 의왕시의 오피스텔	
매매 방법	일반 매매	
입지	대학 3분 거리, 대형 마트 인근	
내역	36.3㎡(11평형) 전용면적 : 22.4㎡(6.8평) 대지권 : 3㎡(0.9평) 총 층수 : 15층 총 세대수 : 132세대	완공일 : 2003년 7월 23일 계약일 : 2008년 8월 19일, 계약금 600만 원 중도금일 : 없음 잔금일 : 2008년 9월 1일, 잔금 5,400만 원
투자금	매입가 : 6,000만 원 전세가 : 5,000만 원 전세가율 : 83%	대출금 : 없음 실투금 : 1,000만 원
총 비용	취득세 : 132만 원 등록세, 지방교육세 : 144만 원 채권 : 6만 7,247원	중개수수료 : 50만 원
임차인	A : 2008년 9월 1일~2년간, 전세 5,000만 원 　　 2010년 9월~2년간, 전세 6,000만 원 　　 2012년 9월~2년간, 전세 7,000만 원 　　 2014년 9월~2년간, 전세 7,500만 원	
시세	2009년　2월 : 매매 6,500만 원, 전세 5,000만 원 2010년 11월 : 매매 7,500만 원, 전세 6,000만 원 2011년　6월 : 매매 8,000만 원, 전세 6,500만 원 2012년 10월 : 매매 8,500만 원, 전세 7,000만 원 2015년 11월 : 매매 8,600만 원, 전세 7,500만 원	

투자 분석 (2015년 말 기준)	매매가 상승분	2,600만 원	현 매매가(8,600만 원)−매입가(6,000만 원)
	전세가 상승분	2,500만 원	현 전세가(7,500만 원) − 매입 당시 전세가(5,000만 원)
	실투금	1,000만 원	매입가(6,000만 원) − 매입 당시 전세가(5,000만 원)
	총 비용	333만 원	취·등록세＋법무사 비용＋중개수수료＋기타
	실투금 대비 매매가 상승률	260%	매매가 상승분 / 실투금 ×100%

평가 및 느낀 점

● 일주일 안에 임대가 나간다

경매 물건을 조사하기 위해 의왕에 방문했다가 이 오피스텔을 보게 됐습니다. 전세가율이 높아서 전세를 끼고 매입한다면 소액으로도 투자가 가능해보였습니다.

　3분 거리에 대학이 있고 평촌의 재개발로 인한 이주 세대 발생으로 임대수요가 지속적으로 증가하리라 판단했습니다. 강남 출퇴근이나 구로 출퇴근에 유리한 위치인 데다 향후 교통여건은 더욱 좋아질 것으로 보였지요. 가장 좋은 것은 임대를 내놓기만 하면 일주일 안에 나갈 정도로 대기 수요자가 풍부하다는 것이었습니다.

● 투자 원칙 이상의 가치

오피스텔은 직장인이나 대학생 등이 거주하는 공간이라는 인식이 확고합니다. 저 역시 그랬지요. 그런데 현장을 보러 갔을 때 엘리베이터에서 초등학교 4학년짜리 학생을 만났으며, 등에 아기를 업고 있는 할머니도 발견했습니다. 복층 오피스텔에 여러 세대가 사는 경우도 있었습니다. 인근의 재개발, 뉴타운 등으로 소형 주택이 얼마나 부족한 상황인지 짐작할 수 있었지요.

　지하철역과는 꽤 거리가 있어 도보로 이용할 수 없고, 바로 앞에 큰 고가도로가 있어 시야가 답답하다는 점에서 투자를 망설였으나, 좌석버스를 타면 강남과 구로를 한 번에 갈 수 있다는 접근성, 인근 대학의 많은 수요 등이 그 이상의 가치를 선사할 수 있겠다는 판단에, 투자하기로 결정했습니다.

🔹 결론

대학가에 위치한 부동산의 가장 큰 강점은 생각보다 경기를 많이 타지 않는다는 점입니다. 이 지역은 대학생 수요가 풍부해서 이 강점이 제대로 발휘될 수 있겠다는 생각이 들었습니다. 가까운 곳에 지하철이 없다는 것이 가장 큰 단점이었지만 근처에 대형 마트가 있어 생활이 편리하기에 여러 장점도 있었습니다. 이처럼 단점을 능가하는 강점이 있다면 투자할 가치가 있습니다.

중개소 사장과 친해져라

대상	경기도 의왕시의 오피스텔	
매매 방법	일반 매매	
입지	대학 3분 거리, 대형 마트 인근	
내역	29.7㎡(9평형) 전용면적 : 20.5㎡(6.2평) 대지권 : 2.6㎡(0.8평) 총 층수 : 15층 총 세대수 : 132세대	완공일 : 2003년 2월 6일 계약일 : 2008년 9월 25일, 계약금 500만 원 중도금일 : 없음 잔금일 : 2008년 9월 1일, 잔금 400만 원 전세금 4,000만 원 인수
투자금	매입가 : 4,900만 원 전세가 : 4,000만 원 전세가율 : 82%	대출금 : 없음 실투금 : 900만 원
총 비용	취득세 : 107만 8,000원 등록세, 지방교육세 : 117만 6,000원 채권 : 3만 5,000원	중개수수료 : 44만 원
임차인	A : 2008년 10월 31일~1년간, 전세 4,000만 원 2009년 10월~2년간, 전세 4,200만 원	
시세	2009년 2월 : 매매 5,500만 원, 전세 4,300만 원 2010년 1월 : 매매 6,000만 원, 전세 5,000만 원. 2012년 1월 : 매매 6,800만 원, 전세 5,500만 원. 2014년 1월 : 매매 7,300만 원, 전세 6,000만 원. 2016년 1월 : 매매 7,800만 원, 전세 6,500만 원, 월세 500/40만 원	

투자 분석 (2016년 초 기준)	매매가 상승분	2,900만 원	현 매매가(7,800만 원) – 매입가(4,900만 원)
	전세가 상승분	2,500만 원	현 전세가(6,500만 원) – 매입 당시 전세가(4,000만 원)
	실투금	900만 원	매입가(4,900만 원) – 매입 당시 전세가(4,000만 원)
	총 비용	273만 원	취·등록세＋법무사 비용＋중개수수료＋기타
	실투금 대비 매매가 상승률	322%	매매가 상승분 / 실투금 ×100%

평가 및 느낀 점

♠ 부동산 중개사의 권유

8월에 매입을 중개한 부동산 중개소 사장이 같은 오피스텔에 또 투자해보는 것이 어떤지 권유를 해왔습니다. 기존에 장점이 있다고 판단한 물건이었기에 추가로 매입했습니다.

♠ 결론

부동산 중개소의 사장과 친분을 쌓게 되면, 그 지역의 변천사와 현재 분위기를 파악할 수 있고 이처럼 좋은 물건을 소개받을 수 있다는 것이 장점입니다. 그러니 종종 방문하고 자주 연락하는 것이 좋습니다. 부동산 중개소 입장에서도 2~4년 보고 말 임차인보다는 꾸준히 임대 수수료를 가져다줄 수 있는 임대인에게 친절할 수밖에 없지요. 즉 부동산 중개사는 집주인 편입니다. 또한 부동산 물건의 매

도자와 매수자가 있다면, 당연히 매수자 편입니다. 매도자는 앞으로
안 볼 사람이지만 매수자는 앞으로도 자신에게 중개를 맡길 수 있기
때문입니다.

오피스텔투자 괜찮을까?

대상	경기도 안양시의 오피스텔	
매매 방법	경매	
입지	지하철역 8분 거리, 백화점 인근	
내역	46.2㎡(14평형) 전용면적 : 25.1㎡(7.6평) 대 지 권 : 6.6㎡(2평) 총 층수 : 10층 총 세대수 : 미확인	완공일 : 2005년 5월 18일 낙찰일 : 2008년 9월 25일, 계약금 730만 원 중도금일 : 없음 잔금일 : 2008년 11월 13일, 잔금 1,100만 원 명도완료일 : 2008년 11월 23일
투자금	매입가 : 7,008만 원 전세가 : 5,500만 원 전세가율 : 78%	대출금 : 5,600만 원(전세금으로 전액 상환) 실투금 : 1,508만 원
총 비용	취득세 : 154만 1,760원 등록세+법무사 비용 외 기타 : 305만원	중개수수료 : 60만 원 인지 : 7만 원, 증지 : 9,000원
임차인	A : 2008년 12월 17일~1년간, 전세 5,500만 원 　　 2010년 12월~2년간, 전세 6,000만 원 　　 2012년 12월~2년간, 전세 6,500만 원 　　 2014년 12월~2년간, 전세 7,000만 원	

시세	2008년 9월 : 매매 7,500만 원, 전세 5,500만 원
	2009년 9월 : 매매 7600만 원, 전세 6000만 원
	2010년 3월 : 매매 7600만 원, 전세 6000만 원
	2010년 11월 : 매매 8000만 원, 전세 7000만 원
	2013년 2월 : 매매 8,800만 원, 전세 6,500만 원, 월세 1,000/45만 원
	2015년 3월 : 매매 8,500만 원, 전세 7,000만 원
	2015년 11월 : 매매 8,500만 원, 전세 7,500만 원, 월세 1,000/40만 원

투자 분석 (2015년 말 기준)	매매가 상승분	1,492만 원	현 매매가(8,500만 원) 　　　　　　　　 −낙찰가(7,008 원)
	전세가 상승분	2,000만 원	현 전세가(7,500만 원) 　　　　　−매입 당시 전세가(5,500만 원)
	실투금	1,508만 원	낙찰가(7,008만 원) 　　　　−매입 당시 전세가(5,500만 원)
	총 비용	527만 원	취·등록세+법무사 비용+중개수수료+기타
	실투금 대비 매매가 상승률	98%	매매가 상승분 / 실투금 ×100%

평가 및 느낀 점

● 풍부한 임대수요와 쉬운 명도

이 지역은 매우 낙후되어 있어서 인근에 재개발이 이루어질 가능성이 컸습니다. 재개발에 들어가면 자연스럽게 임대수요가 증가할 것이고요. 제2의 테헤란로로 불리는 가산디지털단지역까지 지하철로 불과 5정거장인 거리라 임대수요 역시 풍부할 것으로 예상했습니다. 경매로 나온 이 오피스텔은 임차인이 전액 배당받는 경우라 명도에도 큰 어려움이 없었습니다. 기존 임차인은 제가 잔금을 치른

지 10일 후 이사를 나갔습니다.

⬛ 전세자금으로 대출 전액 상환

전세 세입자를 들이면서 받은 전세자금으로 경락잔금 대출금을 전액 상환했습니다. 제 입장에서는 대출이자가 발생하지 않아서 좋고, 세입자는 대출이 하나도 없는 주택에 살게 되니 안심할 수 있어서 좋은 경우가 됐지요.

⬛ 결론

지하철역과 비교적 가깝고 오피스텔 맞은편이 재개발 예정지이기에 많은 임대수요를 기대했습니다. 그러나 2015년 말 현재까지도 재개발은 이뤄지지 않았습니다. 이처럼 재개발은 여러 사람들의 이해관계가 얽혀 있기 때문에 추진되는 것이 쉽지 않습니다. 특히 서울이 아닐 경우 더 많은 시간이 걸리지요.

오피스텔은 강력한 대체제인 도시형 생활주택의 난립으로 희소가치가 많이 떨어졌습니다. 또한 방이 1개라는 한계도 갖고 있습니다. 방의 규모가 작으면 잠만 자야 하는데, 요즘엔 1인 가구도 짐이 많지요. 혼자 사는 사람일수록 개인적인 취미생활에 관심이 많기 때문입니다. 이 오피스텔의 경우 지하철역과 가까운 쪽에 도시형 생활주택 3동이 들어서는 바람에 매매가 상승에 한계가 생겼습니다. 그럼에도 저금리 시대에 월세를 선호하는 집주인과 전세를 선호하는 세입자의 입장 차이로 전세 물건이 귀해지다 보니 전세가는 상승하고 있습니다. 월세는 어떨까요? 월세는 금리 인하 여파로 시세가 더욱 떨어지고 있습니다. 2015년 말 현재, 보증금 1,000만 원을 5만 원선으로 보고 있는데 경우에 따라 3만 원이 되기도 합니다. 그만큼 돈의 가치가 떨어진 것이지요.

이런 모든 상황에서도 현금흐름을 발생시키는 부동산의 가치는 더욱 올라갑니다. 이 만한 투자처가 없기 때문입니다.

불경기에는 급매가 나온다

대상	인천시의 오피스텔	
매매 방법	일반 매매	
입지	지하철역 5분 거리, 시청 3분 거리	
내역	46.2㎡(14평형) 전용면적 : 28.1㎡(8.5평) 대 지 권 : 5.3㎡(1.6평) 총 층수 : 12층 총 세대수 : 미확인	완공일 : 2003년 8월 1일 계약일 : 2008년 10월 15일, 계약금 500만 원 중도금일 : 없음 잔금일 : 2008년 12월 15일, 잔금 4,400만 원
투자금	매입가 : 4,900만 원 전세가 : 4,000만 원 전세가율 : 82%	대출금 : 없음 실투금 : 900만 원

총 비용	취득세 : 107만 8,000원 등록세, 지방교육세 : 117만 6,000원 채권 : 8만 3,718원	중개수수료 : 45만 원 인지 : 4만 원, 증지 : 9,000원
임차인	A : 2008년 12월 15일~1년간. 전세 4,000만 원 B : 2009년 1월 31일~1년간. 전세 4,000만 원 2012년 2월~2년간. 전세 4,500만 원 2014년 1월~2년간. 전세 4,700만 원	
시세	2009년 2월 : 매매 4,300만 원, 전세 4,000만 원 2013년 2월 : 매매 6,000만 원, 전세 4,000만 원~4500만 원, 월세 500/35만 원 2015년 8월 : 매매 5,700만 원, 전세 4,500만 원, 월세 500/35만 원 2015년 11월 : 매매 6,000만 원, 전세 5,000만 원, 월세 500/35만 원 2016년 1월 : 매매 5,700만 원, 전세 4,500만 원(거래 안 됨)	

투자 분석 (2016년 초 기준)	매매가 상승분	800만 원	현 매매가(5,700만 원) – 매입가(4,900만 원)
	전세가 상승분	500만 원	현 전세가(4,500만 원) – 매입 당시 전세가(4,000만 원)
	실투금	900만 원	매입가(4,900만 원) – 매입 당시 전세가(4,000만 원)
	총 비용	284만 원	취·등록세+법무사 비용+중개수수료+기타
	실투금 대비 매매가 상승률	88%	매매가 상승분 / 실투금 ×100%

평가 및 느낀 점

🔊 가능성

이 오피스텔은 현재는 물론 앞으로도 임대가 잘나갈 가능성이 큰 지역인 데다 전세가율이 높아 투자 금액이 적게 든다는 것이 가장 큰 장점이었습니다. 또한 향후 임대가도 상승할 것으로 보여 투자를 결정했습니다.

♠ 은행은 믿지 말고 이용하라

오피스텔의 매도인은 건축 당시 공사 자재를 납품한 대가로 이 오피스텔 7채를 받았다고 합니다. 각 호당 대출금이 3,000만 원 정도 있었는데 그동안 한 번도 대출이자를 지연한 적이 없었지요. 그럼에도 은행에서는 대출 기간 만료일이 도래하자 그에게 대출 연장이 불가하다는 사실을 통보하면서 대출금 전액 상환을 요청해왔다고 합니다. 할 수 없이 주인은 5,300만~5,500만 원에 거래되던 오피스텔을 4,900만 원에 급매로 내놓았습니다.

이처럼 은행은 그들 입장에서 유리할 때는 대출을 권하지만, 자기자본비율규제안BIS 등으로 조금이라도 상황이 불리해지면 고객으로부터 돈을 회수하려고 합니다. 은행은 이용할 대상이지 믿어야 할 대상이 아니라는 사실을 다시 한 번 깨닫게 되었습니다.

♠ 결론

인근에 대형 병원이 있어서인지 이 오피스텔에는 주로 간호사들이 거주하고 있었습니다. 2013년에 35만 원을 들여서 냉장고를 교체했는데, 오피스텔의 경우 냉장고와 에어컨은 15~20년 정도 되면 교체해야 합니다. 이 오피스텔은 2015년 초 많은 매매 거래가 있었습니다. 새로 들어온 주인들은 대개 대출을 받아서 월세 세입자를 받았습니다. 대출이자에 비해 월세가 훨씬 많기 때문이지요. 저금리로 인해 현금흐름이 발생하는 투자 물건의 가치는 계속해서 오르고 있으며, 이제는 월세를 받을 수 있는 부동산에 투자하는 것이 투자 추세인 듯 보입니다.

현재, 과거를 돌아보며

2007년부터 2년간 실전 투자를 하면서 많은 것을 배웠습니다. 지역 분석을 하는 방법이나 부동산 중개소 사장과 대화하는 법, 세입자 관리 노하우 등은 직접 부딪혀서 경험해보지 않으면 알 수 없는 것들입니다. 지금까지의 투자 내역들을 돌아보면서 자평하자면, 역세권 소형 아파트에 투자한 것은 잘한 것 같고 오피스텔보다 빌라에 더 투자했더라면 좋았겠다는 생각이 듭니다. 투자 원칙으로 세웠던 역세권, 소형, 방 2개, 대도시, 높은 전세가율 등을 고수한 것은 이후 이어졌던 투자에도 좋은 결과를 가져왔습니다.

강의와 상담 그리고 책을 읽은 분들에게 많은 감사 인사를 받았습니다. 사실, 제가 제시한 방식으로 투자하고 싶은데도 투자처를 찾기 힘들어 하는 이를 위해 대신 부동산을 찾아 계약을 도와드린 적도 있었습니다. 그때 인연을 맺게 된 이들은 예전에 투자한 부동산의 가격이 엄청 올랐다며 고맙다는 인사를 합니다.

　이러한 방식으로 부동산투자를 할 수 있다는 걸 몰랐다는 분, 평생 손해만 보는 투자를 하다가 이렇게 많은 수익을 얻게 된 건 처음이라는 분 등 이 책을 통해 많은 이들에게 작은 도움을 줄 수 있었음에 기쁘고 감사합니다.

PART
05

부동산투자 실전

이 세상에서 성공한 사람은 수많은 실패를 해본 사람입니다.
시도하고 도전했기에 실패를 할 수 있는 것입니다.
한 번도 실패하지 않은 사람은 한 번도 도전하지 않은 사람입니다.

투자 대상 어떻게 찾을까?

그렇다면 투자할 만한 부동산은 어떻게 찾으면 될까요? 다음 순서에 따라 매입할 만한 부동산을 찾아봅시다.

1단계: 서울과 경기 지역 중 전세가율이 높은 아파트를 찾는다

네이버 부동산이나 조인스랜드, 부동산뱅크, KB 등에서 서울과 경기 지역 중 매매가와 전세가의 차이가 적은 아파드를 검색해보세요. 다소 시간은 걸리겠지만 찾다 보면 전체적인 윤곽이 잡힐 겁니다. 특히 다른 사람들에게 많이 알려지지 않은 곳을 찾는다면 흙 속의 진주를 찾은 것이나 다름없습니다. 이미 좋은 투자처로 잘 알려진 곳은 그만큼 가격이 올랐을 가능성이 크기에 더 많은 비용을 들여서 매입해야 하므로 좋은 투자처라고 할 수 없습니다.

2단계: 해당 아파트에 관해 인터넷으로 사전 조사를 한다

지하철역과의 거리가 어느 정도인지, 향후 어떤 호재가 있는지 확인해보세요. 신문 기사는 물론 온라인 커뮤니티와 카페 등 게시판에 올라온 글들을 확인해보는 것도 좋습니다. 단, 인근 부동산에서 올린 부풀린 호재가 가득한 글이 많으므로 이를 감안해야 하며, 여러 기사와 글을 비교해 사실을 검증해볼 필요가 있습니다.

3단계: 인근 부동산 중개소에 전화해서 확인한다

요즘에는 부동산 시세 정보를 공개하는 사이트 담당자가 부동산 중개소에 직접 연락하여 매물을 확인합니다. 따라서 해당 중개소의 연락처가 함께 표기되는 경우가 많습니다. 그럼에도 인터넷에 올라온 시세가 부정확할 수 있고 급매물일 경우 실시간으로 사라질 수 있으므로 직접 연락해서 확인하는 게 좋습니다. 문의할 때는 A 부동산 중개소에는 세입자로, B 부동산 중개소에는 집주인으로 밝혀서 매매가와 전세가를 확인하는 것도 방법입니다.

4단계: 해당 아파트에 직접 방문해서 살펴본다

부동산투자에 있어 현장조사는 필수입니다. 실제 해당 부동산이 위치한 현장에 나가 주변을 둘러보면서 경사도와 편의시설, 유동인구와 인근 학교 등을 살펴보세요. 또 인근의 부동산 중개소를 찾아가 여러 가지를 묻고 그 지역 사람들의 선호도가 어떤지 조사해보세요. 가장 중요한 것은 임대가 잘나가는가 아닌가입니다.

5단계: 투자가치가 있다는 판단이 서면, 바로 계약한다

요즘과 같이 투자자들이 많은 때엔 경쟁자들이 많습니다. 자신이 세운 원칙에 들어맞고 해당 물건에 대한 확신이 선다면 바로 계약하는 것이 유리합니다. 계약금은 매매가의 11%를 걸어서 해약되는 것을 방지하는 것이 좋습니다.

결국 투자처를 결정하기 전 여러 사안들을 검토해봐야겠지만, 절대 간과해서는 안 되는 원칙은 임대가 잘나가는 물건에 투자해야 한다는 겁니다. 임대가 잘나가야 세를 놓기도 쉽고, 매매도 순조롭게 이어집니다. 특히 이런 물건이어야 향후 가격 상승까지 기대할 수 있습니다.

지도를
곁에 두라

저는 지도야말로 많으면 많을수록 좋다고

생각합니다. 지도는 강력한 무기입니다. 최신 지도일수록 좋고 크기도 클수록 좋습니다.

　지도를 보는 것을 습관화하기 바랍니다. 요즘은 자동차마다 네비게이션이 장착되어 있어서 어디든 쉽게 찾아갈 수 있게 되었지만 바로 이러한 이유 때문에 거리와 지역에 대한 감각이 무뎌질 수도 있습니다. 부동산투자의 기본은 지역에 대한 이해입니다. 습관처럼 지도를 자주 들여다보기 바랍니다. 먼저, 서울과 경기도 전도를 꼭 구입하세요. 지도책 2권을 사서 해당 지역 지도를 뜯어서 서로 붙이면 아주 상세한 전도가 생길 겁니다. 1장의 큰 지도를 보며 전체적인 거리 감각을 키우는 것이 좋습니다.

　지도를 벽에 붙이고 강남역을 중심에 두고 노원역을 끝점으로 하여 원을 그려보세요. 결국 강남역과 가까운 쪽이 투자가치가 높습니다. 지하철 신분당선이 생긴 이후 웬만한 강북보다 분당이 강남역과 더욱 가까워졌습니다.

　이처럼 지도에 중요한 지점을 중심으로 두고 원을 그리는 것도 유용한 방법입니다. 이 방법의 기본 원리는 <u>핵심 지역과 같은 거리의 부동산은 동일한 가치를 가지고 있다</u>는 것입니다. 물론 가치는 같지만 가격은 다릅니다. 그렇다면, 상대적으로 가격이 싼 것을 매입하면 됩니다. 가치가 같기 때문에 시간이 지나면 가격도 같아집니다.

　예를 들어볼까요? 앞으로 동탄 신도시의 중심은 GTX, KTX, 지하철의 복합 역사인 동탄역이 될 것입니다. 동탄 1신도시와 동탄 2신도시를 통틀어서 이곳이 가장 핵심 지역입니다. 지인 중 한 명이 어느 아파트를 사야 하는지 제게 물었을 때, 저는 동탄역을 중심으로 걸어서 10분 거리(약 500m)인 지역을 원으로 그리고 그중 가장 가격이 저렴한 아파트를 매입하라고 조언했습니다. 당시 T 아파트와 K 아파트의 프리미엄은 1억 원이었지만 같은 거리에 있던 Z 아파트의 프리미엄은 3,000만 원이었습니다. 결국 지인은 Z 아파트를 구입했고, 현재는 프리미엄 가격이 같아졌습니다.

말레시아의 수도 쿠알라룸프르의 핵심 건물은 초고층 페트로나스 트윈 타워Petronas Twin Towers입니다. 이러한 이유로 페트로나스 타워와 가까울수록 부동산 가격이 비쌉니다. 프랑스 파리의 경우 에펠탑이 멋지게 보일수록 비쌉니다. 일본은 지하철역과 걸어서 갈 수 있는 거리인지, 자전거를 타고 가야 하는 거리인지에 따라 가격이 달라집니다.

이처럼 지도를 펼치고 지하철역과 학교, 쇼핑, 대형 병원, 대형 관공서 등에 많은 원을 그린 후 이 원의 교집합에 속하는 지역을 잘 살펴본다면, 좋은 투자처를 찾을 수 있을 겁니다.

맞춤형 지도를 서비스하는 '콩나물' 같은 인터넷 지도도 유용합니다. 이를 통해 지역 분석과 교통편 등을 확인하세요. 인터넷으로 입수한 정보를 바탕으로 직접 현장에 나가 그 부동산을 분석하다가 의외의 유망 투자처를 찾게 되는 경우도 있습니다.

현금 융통의 기술

부동산투자를 하다 보면 짧은 기간 동안 갑자기 큰돈이 필요한 경우가 생깁니다. 이를테면, 온라인에서 검색을 통해 물건을 찾다가 괜찮은 급매물을 발견하거나 친분 있는 부동산 중개소 사장에게서 좋은 물건을 소개받게 되어 빨리 계약금을 걸어야 하는 일이 발생할 때입니다. 이때 융통할 만한 현금이 없다면 기회를 놓치게 되겠지요.

직장인들이라면 대부분 급여통장을 가지고 있을 겁니다. 그렇다면 급여통장이 있는 은행에 방문해 마이너스 통장을 만들어두는 것이 좋습니다. 한도는 500만 원도 좋고, 1,000만 원도 좋습니다. 물론 그 이상이면 더욱 좋겠지요!

다만, 마이너스 통장은 이자가 꽤 비싸기 때문에 주의가 필요합니다. 한도 내에서 통장에서 돈이 빠져나가는 시스템이다 보니 자칫 대출이 아니라는 착각에 빠져 쉽게 돈을 쓸 수 있으니 조심하세요. 급할 때만 쓰고 바로 돈을 채워둔다면 이자가 많지 않으므로 급할 때 유용하게 활용할 수 있습니다.

요즘은 개인의 휴대전화 번호 그대로를 통장 계좌번호로 이용할 수 있는데, 이렇게 설정해둔다면 따로 계좌번호를 적어두거나 외울 필요가 없어서 좋습니다. 주로 경매를 하는 사람이라면 신한은행이 좋습니다. 법원마다 신한은행이 있기 때문이죠.

기왕이면 인터넷뱅킹이나 스마트폰뱅킹을 활용하길 권합니다. 상대방의 계좌번호만 알면 계약금이나 중도금, 잔금을 송금할 때 번거롭게 은행에 가거나 수표를 끊을 일 없이 빠르고 쉽게 일을 처리할 수 있어서 좋습니다. 특히 급매로 매수할 때 유리하지요. 요즘은 스마트폰 앱으로 송금 날짜와 금액, 이름을 쉽게 확인할 수 있으니 영수증이 없어도 근거가 확실합니다. 1일 한도 1억 원, 1회 한도 5,000만 원까지는 추가 비용 없이 이용할 수 있습니다.

나홀로 등기

부동산 물건을 매입한 뒤에는 등기를 해야 합니다. 보통은 법무사가 대행을 하지요. 법무사의 수임료 내역을 보면 이래저래 한 30만~40만 원 정도가 등기 업무비로 나간다는 것을 알 수 있습니다. 그런데 요즘은 나이 드신 분들도 물어물어 직접 등기를 하는 경우가 많습니다. 물론 직접 등기하는 것이 무조건 좋은 것만은 아니지만, 시간적 여유가 있다면 한번 해보는 것도 좋다고 생각합니다. 방법은 다음과 같습니다.

먼저 인터넷에 접속해 등기 사이트를 찾아 회원가입을 하세요. 그리고 알려주는 순서와 프로그램에 맞춰 내용을 기입하고 송금을 하면 끝입니다. 한번 해보면 다음에는 직접 양식을 만들 수도 있을 겁니다.

잔금일에는 전 소유주로부터 등기권리증, 주민등록 초본, 인감증명을 받고, 위임장에 인감직인을 받습니다. 또 부동산 중개소에서 거래신고필증을 받고, 구청이나 시청에 방문해 민원 지적과에서 토지대장과 건축물대장을 떼서 세정과에서 취득세 및 등록면허세 고지서를 받습니다.

구청 혹은 시청 안에 있는 은행에 가서 등록면허세를 내고 채권을 매입하고, 인지를 구입합니다. 등기소에 가서 등기이전 서류를 작성하고 증지를 구입한 후 각종 서류를 모두 철해서 제출하면 약 3일 후 등기권리증이 새로 나옵니다.

■ 등기 시 필요한 서류

1. 매매 계약서
2. 등록면허세 영수필 확인서 및 통지서
3. 매도용 인감
4. 등기권리증
5. 토지대장, 건축물대장

6. 매도자 주민등록 초본

7. 부동산 거래신고필증

8. 매매목록 1통

9. 신청서 부본 및 기타(국민주택채권, 위임장)

서류를 철하는 방법에 대해서는 등기소마다 도와주는 사람이 있으므로 친절하게 알려줄 겁니다.

장소	내용
인터넷	잔금을 치르기 전, 온라인 등기 사이트에서 위임장 및 기타 서류를 인쇄한다.
부동산	매수자는 주민등록등본을 1통 준비하며, 매도자로부터 매도용 인감, 주민등록등본 초본, 등기권리증을 받고 위임장에 인감직인을 받는다. 부동산 중개소에서 거래신고필증, 매매 계약서, 등기부등본을 받는다.
구청이나 시청	민원 지적과에서 토지대장과 건축물대장을 뗀다. 세정과에서 취득세 신고서를 작성해 제출한 뒤 등록면허세 고지서를 받는다.
은행	시청이나 구청 내의 은행에서 등록면허세를 납부하고 채권과 인지를 구입한다.
등기소	증지를 구입하고 인지를 붙여 9가지 서류를 제출한다. 4일 정도 후 등기권리증을 찾는다.

인터넷에서 '셀프 등기'라고 입력해 검색하면 더욱 자세한 내용을

찾을 수 있을 겁니다. 중요한 것은 등기도 내가 직접 할 수 있다는 것을 아는 것입니다.

바보가 천재를 이기는 방법

〈토끼와 거북이〉의 우화에서 토끼가 거북이에게 진 이유는 무엇일까요? 토끼의 목표가 거북이를 이기는 것이었기 때문입니다. 투자의 관점에서 보자면 남보다 빨리 정보를 입수해서 물건 가격이 쌀 때 매입한 뒤 바로 팔아서 차익을 남기려고 했던 겁니다.

그렇다면 거북이가 이길 수 있었던 비결은 무엇일까요? 거북이의 목표가 깃발이었기 때문입니다. 깃발에 도달하기 전까지 거북이는 멈추지 않고 진격했습니다. 우리의 깃발은 '경제적 자유'가 되어야 합니다. 투자의 관점에서 보면 저평가된 물건을 매입한 뒤 언제 그 가격이 오를지는 모르지만 계속 보유하는 것입니다.

투자와 투기를 어떻게 구분하는지 아십니까? 내가 하는 것은 투자이고 남이 하는 것은 투기일까요? 단기간에 시세차익을 얻기 위해 사고파는 것은 투기입니다. 장기적으로 투자하여 그것이 내게 꾸준히 수익을 가져오도록 만드는 것은 투자입니다. 주식으로 보면 배당투자 같은 것이지요.

부동산과 경매투자 고수들의 이야기를 듣다 보면 공통점을 발견하게 됩니다. 그들 모두에겐 예전에 용산, 한남동, 오금동, 성수동처럼 좋은 지역의 물건을 낙찰받은 경력이 있다는 겁니다. 또 다른 공통점은 그렇게 낙찰받은 뒤 바로 팔아서 지금은 그 물건을 가지고 있지 않다는 것이지요. 이유가 무엇일까요? 그들은 전업투자자들이기에 생활비를 마련하고 재투자를 위해 현금화할 필요가 있었기 때문입니다. 그들은 힘들게 낙찰을 받아서 세금을 내고 명도까지 한 뒤 작은 차익을 얻기 위해 물건들을 팔아버렸습니다. 만약 그 물건들을 지금까지 가지고 있었다면 엄청나게 가격이 올랐겠지요. 경험자의 말에 따르면, 3년간 열심히 사고팔아서 얻은 수익보다 하나의 물건을 매입한 뒤 계속 보유해서 얻은 수익이 더 큰 경우가 많았다고 합니다.

바보가 천재를 이길 수 있는 방법은 간단합니다. 전업투자자가 되지 말고 계속해서 직장생활을 하면서 1~2년 동안 모은 월급으로 부동산을 1채씩 구입해가는 것입니다. 단, 대출은 받지 말고 전세를 끼고 삽니다.

대출이 없으니 10년이든 20년이든 보유하는 것이 가능합니다. 1억 원짜리 아파트의 재산세(보유세)가 1년에 10만 원 정도이니, 보유 시 큰 비용이 소요되지도 않습니다. 그렇게 10년, 20년 꾸준하게 투자해가길 바랍니다. 바보가 천재를 이기려면 꾸준함과 기다림이 필수입니다.

경험으로 얻은
지식만이 진짜다

저는 초등학교 시절 자연 과목을 매우 좋아
했습니다. 그럼에도 책에서 배운 이론적인 지식은 전혀 기억나지 않지
만, 현미경으로 양파의 세포조직을 관찰했던 실험이나 중학교 때 개구
리를 해부했던 실험 같은 것은 아직도 선명히 기억합니다. 이처럼 직
접 경험하여 느끼고 깨달아 알게 된 지식은 오랫동안 기억에 남아 사
람을 진화시킵니다.

책을 읽고 많은 지식과 기술에 대해서 알게 된다고 해도 이를 실천
해야만 비로소 변화가 일어납니다. 아무리 좋은 책을 잃고 유익한 강
의와 세미나를 듣는다 해도 직접 경험하지 않으면 달라지는 게 아무것
도 없습니다.

누군가는 부동산투자를 실행하지 않는 이유로 돈이 없기 때문이라고
변명합니다. 2008년 5월, 저는 매매가 6,500만 원의 아파트를 샀습니
다. 얼마가 들었을까요? 전세 5,000만 원, 기본 융자 1,300만 원을 승
계받았기에 실제로는 투자금으로 200만 원이 들었습니다(융자는 24년
상환이라 원금과 이자로 매월 12만 원이 나갑니다). 취득세와 중개수수료,
법무사 비용까지 포함해 375만 원이 든 겁니다. 계약금 650만 원을 넣
고 잔금을 치르는 날, 돈을 내는 것이 아니라 전 주인에게서 오히려 돈

을 돌려받았습니다. 매매가가 높은 부동산을 마련했다고 성공적으로 투자했다고 할 수 없습니다. 내가 가진 적은 액수로 투자할 수 있는 물건을 찾아낸다면, 그래서 작게나마 수익을 낼 수 있게 되었다면 이는 어마어마한 능력이 됩니다. 이 능력으로 조금 더 큰돈이 생겼을 때 더 좋은 투자를 할 수 있기 때문이지요.

따라서 경험적 지식을 쌓는 것이 중요합니다. '잃을 게 없는 투자'로 조금씩 경험을 쌓아간다면 누구나 고수가 될 수 있습니다. 고수가 되려면 반드시 부동산을 사고파는 경험을 해야 하겠지요. 행여 부동산을 잘못 구입했습니까? 그럼 매입한 가격에 되파십시오. 당신이 부동산 10채를 팔아보았다면 당신은 이미 준고수입니다.

지금 당장 1,000만 원으로 투자할 수 있는 물건을 찾아보세요. 없다고요? 몇 개월이 걸려도 찾겠다는 각오를 하십시오. 서울의 골목, 지방의 어느 곳이든 뒤지고, 밤잠을 뒤척이며 고민하고 생각한 뒤 결정하세요. 부동산을 매입한 후 분석하고 판단해보면서 좋은 투자였는지 되돌아보세요. 그러한 과정이 당신을 한 계단 더 높이 올려줍니다. 사<u>봐야 알 수 있습니다. 두려움을 떨치고 경험해봐야 합니다.</u>

저는 경매에 대해 6개월간 공부한 뒤 계속 입찰을 했습니다. 연속으로 실패하다 보니 나중엔 오기가 생겨 낙찰이 목표가 되었던 것 같습니다. 결국 7번째에 낙찰을 받았습니다. 첫 투자에 성공해서 '낙찰-경락잔금 대출-소유권 이전-명도-새로운 세입자에게 세 놓기'까지 마쳤습니다. 이 과정에서 6개월간 책으로 공부한 것보다 훨씬 더 많은 것을 체득할 수 있었습니다.

하지만 저와 함께 경매 수업을 들으며 공부를 시작한 친구들 중 대부분은 그때까지도 입찰은 한 번도 하지 않고 권리분석 공부에 매진하고 있었습니다. 어려운 유치권이나 분묘기지권 등 특수 사례에 대해 배우기만 했지요. '잘 모르고 입찰했다가 손해를 보면 어떻게 하나?' 하는 불안감과 두려움 때문이었던 것 같습니다. 그들은 2년 동안 열심히 공부만 하다가 경매 세계를 떠났습니다.

솔직히 저는 경매가 무조건 좋다고 생각하지 않습니다. 사실 2년 정도만 경매를 했고 그 후에는 급매 부동산을 사는 편이 더 좋았습니다. 그래서 지금은 경매를 권하지 않습니다. 물론 이는 개인의 선택입니다. 분명한 것은 경매든 일반 매매든 무조건 본인이 직접 경험해야만 알 수 있다는 것입니다. 철저히 분석하고 리스크가 없다면 시도하고, 도전해야 합니다. 경험이 쌓이고 더 많이 알게 되면 두려움이 사라지고 다른 사람들이 보지 못하는 특별한 기회를 잡을 수 있게 됩니다.

이 세상에서 성공한 사람은 수많은 실패를 해본 사람입니다. 시도하고 도전했기에 실패를 할 수 있는 것입니다. 한 번도 실패하지 않은 사람은 한 번도 도전하지 않은 사람입니다.

임대사업자가
되고 싶습니까?

부동산은 놀라운 자산입니다. 주인에게 매달 수익을 가져다주기도 하고 스스로 가치가 높아져 담보의 기능을 갖기도 합니다. 그중에서 가장 놀라운 것은 스스로 자신의 부채를 갚는 능력입니다. 이러한 의미에서 부동산은 살아 있습니다!

임대사업자가 되고 싶다면 구체적인 목표치를 정해야 합니다. 그리고 자신이 보유한 부동산을 사랑하면서 아름답게 꾸며야 합니다. 임대사업자가 된다면 시간적으로나 경제적으로 보다 자유로워지겠지요.

다만 최근 임대사업의 등록 요건에 변화가 있었습니다. 같은 지역에 5채의 주택을 보유하고 있어야 한다는 요건은 완화되었고, 종부세의 기준이 높아짐에 따라 혜택도 줄었습니다. 또한 다주택자에 대한 양도세가 많이 줄어든 것도 특징입니다. 결국, 임대사업자의 경우 매입한 부동산을 4년간 보유해야 하는 의무는 그대로인데, 양도세 혜택은 임대사업을 하지 않는 다주택자와 별만 차이가 없으니 큰 혜택이 줄어는 것이지요. 그러나 임대사업 등록을 하게 되면 소유한 부동산을 팔기가 어려워짐에 따라 자연스럽게 장기 보유하게 되고, 종부세 대상에서 제외된다는 혜택이 생깁니다. 또 임대사업에 등록한 주택은 소유한 주택 수에서 제외되고, 합법적인 임대사업이므로 투기의 의혹을 불식시킬 수 있다는 장점이 있습니다.

참고로, 임대사업자 등록증은 소유자 관할 시 구청에 신고하는 것과 세무서에서 발급하는 것까지 2가지입니다. 보통 이야기하는 매입임대 사업자 등록증은 시·구청에서 발급하는 것을 의미하며, 발급 대상은 단독주택과 다세대, 아파트, 주거용 오피스텔 등입니다.

주택 임대사업 절차

임대사업을 하고 싶은데 어떻게 해야 할지 모르겠고, 선뜻 임대사업 이란 것을 시작하려니 두려움이 앞서서 망설이는 사람들이 많을 겁니 다. 하지만 생각보다 그 절차는 매우 간단합니다.

주택 임대사업자 등록
· 거주지 시·군·구청 주택과 ·
취득일(잔금납부일)로부터 60일 이내

▼

사업자 신고 및 등록
· 거주지 세무서 민원봉사과 ·
임대주택사업자 등록 후

▼

취득세 감면 신청
· 물건지 시·군·구청 세무과 ·
임대용 주택 취득 후 60일 이내

▼

임대차계약 체결
• 부동산 중개소 등 •
반드시 '표준임대차계약서' 양식으로 작성

▼

임대 조건 신고
• 물건지 시·군·구청 주택과 •
임대계약 체결 후 30일 이내

▼

임대 신고
• 물건지 세무서 재산과 •
임대 개시 10일 전(전화 확인 후 해당 없으면 생략)

일단 소형 부동산을 매입한 이후 시청이나 구청 주택과에서 주택 임대사업자 등록을 하세요. 이후 거주지 관할 세무서에 신고합니다. 이후부터는 소형 부동산을 매입한 이후 시청이나 구청 주택과에 주택 임대사업자 추가 등록 및 거주지 관할 세무서에 추가 신고하는 순으로 반복하면 됩니다.

관리의 어려움?

주택을 여러 채 보유할 경우 관리하기 힘들지 않느냐는 질문을 받을 때가 있습니다. 아무래도 세입자가 많으니 이런저런 수리를 요청해오거나 하면 피곤할 것 같다는 것이지요. 이 질문을 한 사람의 마음속에는 임대인으로서 임차인이 거주할 집을 수리하는 데 드는 비용이 아깝고 귀찮다는 본심이 들어 있는 것 같습니다. 그런데 <u>수리를 해주지 않으려고 하기에 힘든 것이지, 해주려고만 하면 어려울 것이 없습니다.</u>

사실 우리 주변에는 이런 집주인들도 있지요. 세입자가 전세를 2번 갱신해서 5년간 살고 있는데 보일러가 고장이 났습니다. 세입자가 주인에게 전화해서 보일러를 수리해달라고 요청하자 주인은 멀쩡한 보일러였는데 세입자가 5년간 사용해 망가뜨린 것이니 알아서 수리하라고 합니다. 또 세입자가 이사 나가는 날 방문이 찌그러졌다며 전세보증금에서 방문 수리비를 제하는 주인도 있습니다. 세입자를 비하하고 무시하는 것은 기본, 자기 분에 못 이겨서 병원을 들락거리는 집주인도 많습니다.

한번 바꿔서 생각을 해봅시다. 만약 우리가 음식점을 운영한다고 생각해보세요. 신선한 재료를 준비해 청결한 방식으로 정성껏 요리한 음식을 손님에게 서비스하겠지요. 지극히 당연합니다. 이와 마찬가지로 임대인들은 임차인에게서 돈을 받고 자신의 집을 대여하는 서비스를 제공하는 이들입니다. 그러니 임차인이 쾌적하고 편안하게 생활할 수 있는 환경을 만들어주는 것이 당연한 것입니다. 이 세상 그 어떤 물건도 영구적이지 않습니다. 시간이 지나면서 TV와 냉장고, 보일러 등은 낡고 고장이 날 수밖에 없습니다.

임대인이라면 기본적으로 새로운 세입자를 들이기 전, 집을 깨끗이

청소하고 도배를 하며 싱크대와 조명, 장판 등 수리할 부분이 없는지 체크해서 완벽히 고쳐야 합니다. 이것이 바로 집주인의 의무입니다. 이 일에 돈을 아끼려고 하지 마세요.

임대 기간 중 보일러가 고장 나거나 물이 샌다면 즉시 처리해야 합니다. 추운 겨울이라면 세입자가 얼마나 고생하겠습니까? 이때 집주인이 직접 처리하기보다 부동산 중개소 사장에게 수리를 의뢰하는 것도 방법입니다. 경험이 많은 데다 아는 업체가 있어서 일이 매끄럽게 처리될 수 있기 때문입니다. 수리비만 송금하면 간단히 해결됩니다.

이처럼 임대인의 의무를 잘 이행해야만 전세를 갱신하거나 새롭게 세입자를 구할 때 쉽고 더욱 좋은 가격에 세를 낼 수 있습니다. 만약 100만 원을 들여서 도배와 장판, 조명까지 교체한다면 여기에 든 비용을 능가하는 가격으로 세를 내놔도 임차인이 들어옵니다. 그저 세를 비싸게 놓을 목적으로만 수리를 하는 것은 아니지만, 이 집에 내 가까운 친구, 혹은 자녀가 들어와 살 것이라고 생각하면서 쾌적하고 아름답게 집을 정돈한다면 당연히 그렇지 못한 집들에 비해 먼저 세가 나갈 겁니다.

임대사업 시 생기는 어려움

사람들은 임대사업자가 되면 세금 등의 부담과 관리가 가장 어려울 것이라고 짐작합니다. 하지만 세금 문제는 세무사에게 전적으로 위임하면 되기에 어려움이 없습니다. 보유세(재산세)도 생각보다 많지 않아서 크게 부담되지 않습니다. 다만 보유 부동산이 많아지면 국민건강보험료가 조금 올라갑니다.

임차인 관리에 있어서도 큰 어려움은 없습니다. 주택을 일단 임대하면 세입자가 중도에 나가지 않는 한 통상 계약기간인 2년 동안 그를 1~2번 정도 보는 것이 전부입니다. 임대 기간이 만료되기 1~2개월 전에 계속 이 집에 살 것인지 아닌지만 전화해서 확인하면 됩니다. 나간다고 하면 지역 부동산 중개소에 연락해 새로운 임차인을 구해달라고 의뢰하면 되고, 세입자가 계속 살겠다고 하면 현재 시세에 맞춰 계약 만료일에 정산하고 새로운 계약서를 작성합니다. 재계약서는 아파트 인근의 부동산 중개소에서 실비로 작성해주며 통상 1시간 이내면 모든 절차가 끝납니다.

가장 큰 리스크는 IMF와 같은 경제위기로 인해 전세가가 하락하고, 세입자가 전세금 반환을 청구하는 '역전세난'이라고 할 수 있습니다. 그러나 다행인 것은 20채의 부동산을 임대한다고 할 때 각 부동산들의 임대 만료 기간이 각기 다르고 순차적으로 진행되므로 엄청난 타격을 입을 일이 거의 없다는 겁니다. 제 경험상 전세가의 폭락은 길어야 1년이었습니다. 그리고 통상적인 임대 계약 기간이 2년이기에 지난번보다 오른 전세가에서 조금 내려가는 수준이므로 최종 확정되는 전세가는 2년 전과 비슷한 금액이 됩니다. 실제로 그 이상의 전세금을 돌려줄

만큼의 대폭락은 거의 일어나지 않습니다.

부동산 경기가 좋지 않았던 2008~2009년에도 제가 보유한 부동산에서는 그런 일이 생기지 않았습니다. 앞으로도 주거용 소형 부동산의 경우 임대가가 하락할 가능성은 크지 않습니다. 다만 보유한 주택 수가 많아질수록 만약의 상황에 대비해 즉시 현금화할 수 있는 여유 자금을 마련해두는 것이 좋습니다.

결국 이따금씩 부동산을 중개해준 중개소에 연락해서 지금 보유 중인 주택의 매매 및 임대 시세 등을 확인하는 것 외에 관리상의 큰 어려움은 없습니다.

자산내역 정리하기

1~2년마다 1~2채의 부동산을 매입하게 되면, 몇 년만 지나도 다주택을 보유하게 됩니다. 이러한 상황이 되면 본인의 재산이 어느 정도 되는지, 각 부동산의 임대 기간이 언제 만료되는지 등이 헷갈릴 수 있습니다.

그때를 대비하여 보유한 부동산의 세부 내역들을 미리 정리해두면 투자 및 관리에 유용하겠지요. 자산내역을 단 1장에 정리할 수 있는 내역서 형식을 첨부하니 활용하기 바랍니다.

자산내역

물건 명 :

주소 :

기본 내역				
평형		보존 등기일		
전용 면적		총 세대수		
대지권		총 층수		
매입가		계약일		
대출금		잔금일		
전세가				
실투금				

중개			
	중개소 이름	사업자 번호	연락처
매입 중개			
매입 공동 중개			
임대 중개			

비용			
취득세		중개 수수료	
국민주택채권		임대중개 수수료	
법무사 비용		도배 및 장판	
기타			

보유세			
날짜	재산세	날짜	재산세

임차인			
이름	임차기간	임대조건	연락처

시세			
날짜	매매가	전세가	월세가

비고	
잘한 점	
고칠 점	

투자자의 삶

대부분의 사람들은 '내가 부자가 되면!'이라는 조건을 붙입니다.
부자가 된 후는 물론이요, 부자가 되기 전부터
적은 금액으로라도 어려운 이웃을 꾸준히 돕길 바랍니다.
이것이 부자가 되는 가장 큰 비밀입니다.

부자란?

　　　　　　지인에게 부자의 조건이 무엇이라고 생각하는지 물었습니다. 그는 우선 큰 집이 있어야 하고, 외제차를 끌고, 10억 원 정도의 현금을 가지고 있어야 하며, 골프를 비롯한 고급콘도, 호텔 피트니스클럽 등의 회원권을 가지고 있어야 한다고 대답했습니다.

　여러분은 어떻게 생각하나요? 이것들은 그저 외적으로 보이는 부자의 이미지일 뿐입니다. 저는 가지고 있는 재산이 모두 현금을 창출하는 시스템으로 운영되고 있어야 부자라고 생각합니다. 반대라면 점차 가난해질 뿐입니다. 한번 분석해볼까요?

　첫째, 큰 집입니다. 우선 지금 대형 평수의 주택에 살고 있다면 임대비, 관리비, 수리비, 재산세, 대출이자 같은 비용이 매달 발생하므로 집은 부채입니다. 큰 집은 유지비용이 만만치 않습니다. 물론 주거하는 공간이 삶의 질을 결정하므로 여유가 있다면 좋은 집에 사는 것도 나쁘진 않습니다. 전세나 월세가 아닌 자가 주택일 경우 임대비용이 들지 않으므로 심리적으로 큰 안정감을 줍니다. 또한 돈이 급할 때 집을 담보로 대출을 받을 수 있고 자가 주택에 살 경우 개인 신용도가 높아진다는 장점도 있습니다. 많은 비용이 발생하는 필요 이상의 큰 집이 아니라면 자가 주택은 꼭 필요합니다. 다만, 살고 있는 집에서 계속 비용이 발생하므로 거주하는 집은 자산이 아닌 부채라고 봐야 합니다.

둘째, 외제차입니다. 고급 승용차일수록 감가상각의 속도가 빠르며 보험료, 수리비, 유류비 같은 유지비용이 많이 듭니다. 외제차를 구입하는 데 드는 비용도 크지만, 연간 유지하는 데 드는 비용도 만만치 않습니다.

셋째, 10억 원 정도의 현금입니다. 현금 10억 원을 그냥 가지고 있다는 것은 곧 기회비용의 상실을 의미합니다. 현금은 수익을 발생시킬 수 있는 곳에 있어야 합니다.

넷째, 골프, 콘도, 피트니스클럽 회원권입니다. 이들 중 가격이 상승할 가능성을 갖고 있는 건 골프 회원권 정도입니다. 하지만 이 또한 현금 창출은 하지 못하고 오히려 이를 소유함으로써 사용할 때마다 많은 비용이 나가게 만듭니다. 다른 이들보다 저렴한 요금으로 사용할 수 있을 뿐, 회원권이 있기에 더욱 자주 가고 빈번히 활용하게 되겠지요.

🏠 새로운 대안

투자자로서 대안을 제시해보고자 합니다.

먼저 살고 있는 집의 경우 매달 들어가는 비용을 꼭 계산해보세요. 관리비만 100만 원이 넘는 주상복합이나 비싼 월세를 내야 하는 주택에 사는 것은 가급적 지양해야 합니다. 부자가 되려면 내가 사는 집이 아닌 남에게 빌려줄 수 있는 집이 많아야 합니다. 여기서 현금이 창출되기 때문입니다. 로버트 기요사키Robert Toru Kiyosaki와 함께 《부자 아빠, 가난한 아빠》를 집필했던 동업자 샤론 레흐트Sharon L. Lechter는 한 세미나에서 자산과 부채를 아주 단순하게 묘사했습니다. "나에게 현금흐름을 주는 모든 것은 자산이며, 나에게 비용을 발생시키는 모든 것은 부채이다." (그렇다면 가장 큰 부채는 배우자와 자녀라고 대답할 사람이 있을지 모르겠습니다. 가족은 삶의 원동력이고, 삶의 이유가 아닐까요?) 이러한 기준에서 볼 때 살고 있는 집 외에 다른 이에게 임대할 수 있는 집을 소유하는 것이 좋습니다. 그 집을 통해 현금이 창출되어야 합니다.

다음으로 골프, 콘도, 피트니스클럽 회원권, 고급 외제차가 있다고 부자라고 할 수 있을까요? 아닙니다. 그저 부자처럼 보이는 것이죠. 부자일 수도 있고 아닐 수도 있습니다만, 제가 만났던 진짜 부자들은 사치하지 않았습니다. 옳고 그름을 이야기하는 것이 아닙니다. 사회적으로 자부심을 갖기 위해 실제 자산 수준보다 더 높은 등급의 외제차를 탈 수도 있습니다. 비즈니스 파트너와의 관계를 위해 골프를 칠 수도 있습니다. 그런 것이 나쁘다는 것이 아닙니다. 다만 그런 것들은 외형에 불과할 뿐 본질이 아닙니다. 골프, 콘도, 피트니스클럽 회원권, 고급 외제차가 나를 부자로 만들어주는 건 아니라는 사실을 기억하세요. 또한 한때 가격이 하락한 콘도 회원권에 비해 골프 회원권은 가격이 크게 떨어지진 않았지만, 앞으로 투자처로서는 큰 매력이 없을 것 같습니다.

현금은 어느 정도 있으면 될까요? 저는 비상금으로 3~6개월 치의 생활비 정도만 보유하면 된다고 생각합니다. 현금 10억 원이 있다면 최대 5,000만 원 정도만 가지고 있고, 나머지 9억 5,000만 원은 현금을 창출할 수 있도록 일하게 만들어야 합니다. 채권이든 정기예금이든 수익형 부동산이든 절대 가격이 하락하지 않는 곳에, 투자금 대비 연 8% 이상의 수익을 거둘 수 있는 곳에 투자하세요. 다만 투자할 때가 아니라는 생각이 든다면 그저 현금을 보유하면서 기회가 오기를 기다리는 인내심도 필요합니다.

진짜 부자의 5가지 조건

저는 부자라면 다음 5가지 조건을 갖춰야 한다고 생각합니다.

첫째, 플러스 자산이 많아야 합니다. 근로소득 외에 부동산 임대수익, 주식의 배당금, 책의 인세, 로열티(지적재산), 내가 없어도 운영이 되는 사업장 등이 이에 해당합니다. 근로소득 외의 플러스 자산이 다양해지거나 점점 많아져야 합니다. 그래서 결국 은퇴 시점이 되었을 때는 이 자산이 나의 근로소득을 능가할 만큼이 되어야 합니다. 시세차익으로 얻는 자산이기보다 자산 스스로가 수익을 창출하는 시스템을 늘리는 것이 중요합니다.

2015년 말 현재, 저금리로 인해 은행에 돈을 넣어두어도 기대할 수 있는 이익이 적다 보니 이와 같은 현금흐름을 창출하는 투자처의 가치가 더욱 올라가고 있습니다.

둘째, 마이너스 자산이 적어야 합니다. 가능한 한 집과 자동차는 유지비용이 적게 드는 것으로 소유해야 합니다. 골프, 콘도, 피트니스클럽 회원권 등에 내 돈이 묶이게 해서도 안 됩니다. 내 자산이 스스로 연 8%의 최저 수익을 능가할 수 있는 자산으로 변하게 만드세요.

셋째, 나 자신을 위한 교육에 돈을 지출해야 합니다. 월간 지출비용에 도서 구입비와 세미나 참석비, 배울 점이 있는 사람들과의 교제비가 꾸준히 늘어야 합니다. 이제 평생교육의 시대입니다. 평생 배우고 발전하면서 변화를 거듭해야 합니다.

넷째, 만족과 절제를 알아야 합니다. '한계효용의 법칙'에 따르면 배고픈 사람에게 빵을 줄 때, 처음 빵 1개를 주었을 때 만족도가 가장 높았다고 합니다. 두 번째, 세 번째…, 계속해서 빵을 주어도 만족도는 떨어집니다. 집 역시 마찬가지입니다. 생애 처음으로 집을 마련하면 대단히 감격스럽고 감사하겠지만 나중에는 100평 집에 살게 되어도 그때처럼 감격적이지 않을 겁니다. 그런데 희한한 것은 돈에 있어서는 한계효용의 법칙이 작용하지 않는다는 겁니다. 돈은 많아지면 많아질수록 좋습니다. 이 때문에 절제가 필요합니다. 어느 선에서 절제하지 않는다면 탐욕으로 바뀌어, 나중엔 1,000억 원을 갖게 되도 결코 행복하지 않게 됩니다. 또한 탐욕은 무리한 투자를 종용해 엄청난 손실을 유발할 수 있다는 것도 명심하세요.

만족을 모르면 아무리 많은 것을 소유해도 자신을 부자라고 생각하지 않게 됩니다. 흔한 말 같지만 돈은 나를 행복하게 만들어주지 않습니다. 그저 자유를 줄 뿐입니다. 영화 〈타이타닉〉의 결말 부분에는 타이타닉 호에서 생존한 부자들 중 상당수가 대공황으로 파산하게 되는 내용이 나옵니다. 반면 여주인공 로즈는 부자 귀족의 아내가 되어 타인에 의한 삶을 살기보다 스스로 개척한 자유로운 삶을 선택해 살아갑니다. 우리의 첫 번째 목적은 가족의 행복입니다. 단순히 돈을 많이 버는 것보다 가족이나 이웃들과 함께 행복한 시간을 보내는 것이 더욱 가치 있는 일입니다.

다섯째, 구제하는 삶을 살아야 합니다. 어느 정도 여유가 생기게 되면 앞만 바라보지 말고 옆과 뒤를 둘러보기 바랍니다. 사실 부자가 되기 전부터 조금씩이라도 다른 이들을 도와야 합니다. 남을 도울 수 있는 사람이 진정한 부자입니다. 세계 인구 중 절반이 굶주리고 있는 상황에서 어쩌다 내가 이렇게 큰돈을 관리하게 되었는지 깊이 생각해보길 바랍니다. 다른 사람을 돕지 않는 사람은 결코 부자라고 할 수 없습니다.

가치를 창조하는 지식

저는 세상에서 가장 싼 것은 책이라고 생각합니다. 그 가치에 비해 가격이 너무 저렴한 것 같습니다. 독서의 중요성은 말로 다 할 수가 없을 정도입니다. '리더Leader는 리더Reader다'라는 말이 있습니다. 앞에서 사람들을 이끌어가기 위해서는 그만큼 책을 많이 읽어야 한다는 뜻이겠지요.

워런 버핏이나 빌 게이츠 역시 엄청난 다독가입니다. 언젠가 하버드 대학생들과의 간담회에서 워런 버핏은 가장 갖고 싶은 능력이 무엇이냐는 질문에, "속독 능력"이라고 대답했다고 합니다. 그에게는 읽어야 할 보고서와 읽고 싶은 책이 그렇게 많았나 봅니다. 김대중 대통령도 옥중에서 수많은 책을 읽었고, '이랜드' 박성수 회장도 근육무력증에 걸려 아무것도 할 수 없을 때 계속 책을 읽었다고 합니다. '민들레 영토' 지승룡 소장도 3년 동안 3,000권의 책을 읽고 단돈 2,000만 원으로 민들레영토를 창업했답니다. 시골의사 박경철 씨가 1만 4,000여 권의 책을 소장하고 있다는 건 잘 알려진 이야기이죠. 이처럼 성공한 사람들 중 대부분은 독서광입니다.

저는 다른 사람에게 책을 빌려주지 않습니다. 누군가가 제게 책을 빌려달라고 하면 아예 새 책을 사서 선물합니다. 저의 재산 목록 1호가 바로 책이기 때문입니다. 저는 보통 신문이나 잡지에서 관심 있는 분야의 신간을 보거나 서점에서도 눈에 띄는 책이 있으면 제목을 메모해둡니다. 이를 온라인 서점에서 관심어 검색, 베스트셀러 검색 등을 통해 찾아서 미리보기와 서평을 읽은 뒤 최종 선택해서 구매합니다. 대개 한 번에 10~20권 정도를 사는 것 같습니다. 물론 책 전부를 모두 읽지는 못하고 중요한 부분을 찾아서 읽습니다.

이제 세상은 자본의 시대에서 지식의 시대로 넘어갔습니다. 어떤 의미에서 보면 돈은 흔합니다. 요즘 유동성이 얼마나 큰가요. 그러나 가치를 창조할 수 있는 지식은 흔하지 않습니다. 이러한 이유로 자본은 가치를 창조하는 지식이 있는 곳으로 몰려들 것입니다.

좋은 책을 찾고 싶다면 다독해야 합니다. 다독을 하다 보면 좋은 책을 고르는 혜안이 생깁니다. 책을 구입할 경제적 여유가 없다면 구립, 시립 도서관에 가면 됩니다. 책을 무료로 빌릴 수 있고 방대한 분야의 책을 마음껏 볼 수 있습니다.

작가가 1권의 책을 쓰기 위해 수년간 자료를 모으고, 정리하고, 고민하고, 연구한 내용을 정말 적은 금액으로 얻어 짧은 시간에 습득할 수 있도록 만든 '책'은 정말 최고의 선물입니다. 책 100권의 가격이 불과 150만 원 정도입니다. 생각해보세요. 투자 세계에서 150만 원은 아주 작은 돈입니다.

책 1,000권이 대학교 4년의 학습량과 같다는 이야기가 있습니다. 특정 분야에 대해 깊이 파고들어 계속 공부하다 보면 어느 순간 지식과 지식이 연결되어 머릿속이 밝아지는 느낌이 들 때가 있습니다. 지식에 지식이 쌓여 지혜로 업그레이드되는 순간입니다. 여기에 도달하면 다른 사람이 보지 못하는 것을 볼 수 있고, 다른 사람이 생각하지 못한 것을 상상할 수 있습니다.

제대로
신문 읽는 법

매일 2가지 이상의 경제신문 읽기를 권합니다. 그 날의 주가, 환율, 금리, 미국의 주가 등을 다이어리에 꾸준히 기록해보세요. 그 날의 주요 경제와 부동산 기사 제목도 정리해보세요. 기사를 작성한 사람이 누구인지 살펴보는 것도 중요합니다. 신문사의 기자인지 정부에 소속된 누군가인지 대학 교수인지 혹은 투자회사의 직원인지 등을 파악해야 합니다. 기사라는 건 글쓴이가 속한 단

체에 유리하게 쓰일 수밖에 없으니까요. 그들이 어떤 의도를 가지고 기사를 썼을지 생각해볼 필요가 있습니다.

　전문가의 말을 참고하되 전적으로 믿지는 마세요. 정말 그럴까 생각하세요. 정부에서 어떤 정책을 확정했다는 이야기가 나오면 어떤 변화가 있을지 상상해보세요. 정부의 정책은 바뀔 가능성이 있다는 걸 염두에 두십시오. 예전에 화려했던 뉴타운 재개발의 청사진들 중에서도 아직 실행되지 않은 것들이 많습니다. 대기업의 투자 계획은 20~30년을 내다보고 하는 말이니 주의 깊게 보는 것이 좋습니다. 대기업은 부동산투자의 귀재입니다. 그들을 따라만 가도 성공할 확률이 높습니다.

　결국 이러한 방식으로 신문을 읽고 생각하다 보면 1년 뒤에는 다이어리만 펼쳐도 주가가 어떻게 움직였는지 한눈에 볼 수 있고, 경기와 금리, 환율과 경제의 상관관계가 보일 겁니다. 규제와 규제완화를 통한 시장의 변화도 읽을 수 있습니다. 점차 거시적인 경제를 볼 수 있게 되는 것이지요. 이렇게 작성한 다이어리는 보관해두었다가 몇 년 뒤에 펼쳐보는 것도 도움이 됩니다.

　투자자라면 꾸준히 경제신문을 읽어야 하며, 착실하게 기록하는 습관을 들여야 합니다. 이를 통해 거시경제를 볼 수 있는 안목을 갖추는 것이 궁극적인 목표입니다.

믿음의 능력

투자는 물론이요 어떤 일을 하든 그 근간에는 믿음이 있어야 합니다. 내가 부동산으로 많은 수익을 얻을 거라는 믿음을 가져야 합니다. 내가 마련한 부동산이 나를 일으켜줄 것이라는 믿음 말입니다. 처음으로 부동산을 계약했을 당시 제게도 반신반의하는 부분이 있었습니다. 모든 호재를 살펴보고 리스크를 따져본 뒤 안전하고 좋은 물건이라고 확신했지만 동시에 왜 이렇게 좋은 물건을 다른 사람들은 사지 않을까 생각한 겁니다. 제가 처음 투자를 시작했던 2007년에만 해도 내 집 마련이 아닌 투자용으로 주택을 구입하는 경우는 많지 않았기 때문입니다. 그렇게 투자한 지 1년도 되지 않아 저는 2007년이야말로 투자하기 가장 좋은 시기였다는 걸 알게 되었고 그때로 다시 돌아갈 수 없다는 사실이 매우 안타까웠습니다.

믿음이 없으면 머뭇거리게 됩니다. 확신까지는 아니어도 작은 믿음민 있으면 투자를 힐 수 있습니다. 믿음을 깆고 싶다면 실진 투자자들의 책을 읽는 것도 도움이 될 겁니다. 온라인 카페 등에서 실제로 투자해서 수익을 얻어본 사람들의 글을 읽어보는 것이 좋습니다. 긍정적인 사고가 중요합니다.

성경에 '겨자씨 한 알 만한 믿음만 있어도 산을 옮길 수 있다'는 구절이 있습니다. 겨자씨는 다양한 씨 중에서도 가장 작고 가볍습니다. 그러나 땅에 심으면 폭발적으로 성장합니다. 씨앗의 크기에 비하면 그 나무가 어마어마할 정도로 크지요. 이 성경구절의 겨자씨는 믿음의 있고 없고의 차이에 대한 깨달음을 주기 위해 사용된 비유인 것 같습니다. 아무리 작고 미미해도 믿음이 있는 것과 없는 것에는 엄청난 차이가 있다는 걸 알려주는 겁니다. <u>작은 믿음이라도 갖고 있으면 꿈을 이룰 수 있지만 대단한 꿈을 가지고 있다고 해도 믿지 않으면 이룰 수 없는 것이죠. 그만큼 믿음은 중요합니다.</u>

성공한 사람들은 이 믿음의 공식을 이미 알고 있었던 것 같습니다. '놀부'의 창업자인 오진권 사장 역시 바닥까지 내려간 최악의 상황에서도 "나는 식당으로 '꺼떡' 일어난다"라는 말을 계속했다고 합니다.

사업이든 주식이든 부동산이든 공부든 마찬가지입니다. 믿지 않고 믿어지지 않으면 최선을 다하지 못합니다. 내가 하는 일에 믿음을 가져야 합니다. 부동산을 통해 좋은 투자를 하고 높은 수익을 거두리란 믿음이 있어야 무의식중에 그런 부동산을 계약하게 되고, 그런 부동산을 경매로 낙찰받게 돼 그것이 나를 일으켜 세워줍니다.

혹자는 부동산이 돈 되는 시대는 지났다고 말합니다. 일본처럼 우리나라의 부동산이 곧 대폭락할 거라는 이야기는 오래전부터 계속 반복되고 있는 이야기입니다. 여러분도 이 말에 동의하십니까? 저는 그렇게 생각하지 않습니다. 저는 설사 부동산 가격이 폭락하는 시기가 온다고 해도 '투자가치 있는 부동산은 있다'라고 생각합니다. 그러니 최악의 상황에서도 가치가 떨어지지 않는 부동산을 찾으면 됩니다.

종이 한 장의 차이, 겨자씨 한 알 정도의 믿음만 있으면, 믿는 대로 됩니다. 저는 10년 후, 아니 50년 후에도 돈 되는 부동산은 계속 나오리라 믿습니다. 만약 부동산에 대한 믿음이 생기지 않는다면 펀드든 주식, 채권, 금 혹은 사업이든 믿음이 가는 곳에 투자하면 됩니다.

모든 사람이 부동산투자를 할 필요는 없지요. 모든 부동산에는 그에 맞는 임자가 따로 있습니다. 물질이든 비물질이든 자기를 아끼고 사랑하는 사람에게 모입니다. 부동산투자에 마음이 가지 않는다면 이를 통해 수익을 얻기 어렵습니다. 나의 잠재의식이 그것을 밀어내기 때문입니다. 다른 투자처도 마찬가지입니다. 그러니 부동산투자를 시작할 생각이라면, 오늘부터 나는 투자가치 있는 부동산을 찾을 수 있다고 믿으세요. 믿으면 보이기 시작합니다.

원더풀
월드

2015년 말, 온라인에서 다음과 같은 안타까운 정보를 접했습니다. OECD 가입국을 대상으로 조사한 결과 우리나라가 다음 50가지에 가까운 조사에서 모두 1위를 차지했다는 겁니다.

자살률 1위, 자살 증가율 1위, 출산율 낮은 순으로 1위, 낙태율 1위, 어린이 행복지수 낮은 순으로 1위, 청소년 행복지수 낮은 순으로 1위, 학생의 학업시간 많은 순으로 1위, 과학 흥미도 낮은 순으로 1위, 청소년 흡연율 1위, 성인 흡연율 1위, 15세 이상 술 소비량 1위, 독주 소비량 1위, 양주 소비율 1위, 결핵 환자 발생률 1위, 결핵 환자 사망률 1위, 당뇨 사망률 1위, 남성 간질환 사망률 1위, 대장암 사망률 증가율 1위, 심근경색 사망률 1위, 중년여성 사망률 1위, 이혼 증가율 1위, 국가부채 증가속도 1위, 남녀 임금격차 1위, 최저임금 낮은 순서로 1위, 저임금 노동자 비율 1위, 근무시간 많은 순으로 1위, 산업재해 사망률 1위, 자동차 접촉사고율 1위, 인도에서 일어나는 교통사고율 1위, 보행자 교통사고 사망률 1위, 어린이 교통사고 사망률 1위, 노인 교통사고 비율 1위, 교통사고 사망률 1위, 가계부채 많은 순으로 1위, 국가채무 증가율 1위, 공공 사회복지 지출 비율 1위, 실업률 증가율 1위, 사교육비 지출 1위, 공교육비 민간 부담률 1위, 고등교육 국가 지원율 낮은 순으로 1위, 대학교육 가계부담률 1위, 세 부담 증가속도 1위, 식품 물가상승률 1위, 환경평가 뒤에서 1위, 온실가스 배출 증가율 1위, 노령화 지수 1위, 노인 빈곤율 1위, 사회안전망 가장 안 좋은 순으로 1위, 정치적 비전 안 좋은 순으로 1위.

사실 이러한 통계가 어떤 근거로 산출된 것인지는 모르겠습니다. 저는 지나치게 과장되거나 부정확한 것도 많다고 생각합니다. 그럼에도 이러한 통계치를 볼 때마다 정말 한숨이 나오고, 대한민국의 국민으로 살아가는 것이 결코 만만하지 않다는 결론을 내릴 수밖에 없습니다. 그런데 꼭 이처럼 나쁘기만 한 걸까요? OECD 가입 국가 중 우리나라의 인터넷 환경, 치안, 건강 수준, 물이나 기타 에너지에 대한 접근성, 환경관리 지표, 교육 수준은 어떻습니까? 상위권에 들지 않을까요?

지금 우리나라의 현실이 정말 최악인가요? 나라를 잃은 설움을 안고 일제 강점기를 겪어내면서 참혹한 전쟁 속에서 추위와 배고픔, 불안, 공포와 싸워야 했던 시기가 있었습니다. 지금이 그때와 비교할 때 정말 더 못한 상황인가요? 우리가 지금 대한민국 역사상 가장 풍요로운 시기에 살고 있는 것만은 분명합니다. 소득, 자동차, 음식, 의류, 주택, 의료, 문화, 여행, 교육 등 예전의 그 어떤 양반도 이 정도의 호사를 누리지는 못했습니다.

특히나 개인적으로 조금만 노력을 기울인다면 부를 거머쥘 수 있는 투자를 쉽게 배울 수 있다는 점에서 좋은 시대를 살아가고 있다고 생각합니다. 우리 주변 대부분의 사람들이 스마트폰이나 컴퓨터를 가지고 있습니다. 휴대전화만 있으면 먼 거리의 누군기와도 비로 통화할 수 있으며 스마트폰으로 세계 곳곳의 정보를 실시간 손 안에 쥘 수 있고, 내비게이션에 번지만 입력하면 헤매지 않고도 정확히 그곳까지 차를 운전해 이동할 수 있습니다.

인터넷을 통해 우리는 방대한 정보에 접근합니다. 유튜브를 통해 노래나 춤을 배울 수 있고, 각종 사이트와 SNS를 통해 전문가와 대화를 나눌 수도 있습니다. 정말 우리나라는 정보화에 있어서 가장 앞선 나라입니다.

온라인에서 구할 수 있는 지도에는 미래에 들어설 도로와 개발 지역 등까지 표시된 자료가 포함되어 있고, 누군가가 오랜 시간 연구해서 터득한 정보와 노하우가 담긴 책을 단돈 1∼2만 원이면 구할 수 있습니다. 세미나나 강의를 통해 강사가 몇 년간 공부하고 분석한 내용을 불과 몇 시간 만에 배울 수도 있지요. 여기에 들어가는 비용은 그들이 들인 노력과 비용의 1,000분의 1 정도의 수준이 아닐까요?

우리는 정말 놀라운 세상에서 살고 있습니다. 예전에는 절대 알 수 없었던 정보와 지식을 너무 쉽게 접할 수 있는 세상입니다. 자본이 거의 없어도 지식 하나만으로 돈을 벌 수 있는 시대입니다. 투자를 통해 기필코 부를 쟁취하고 싶다면, 좋은 강의를 듣고 유익한 사람들을 만나고 책을 구입하는 데에 돈을 아끼지 말아야 합니다. 이런 일들에 시간을 투자해야 합니다. 단 하루면 전국 어디든 갈 수 있고 직접 가지 않고도 인터넷 검색만해도 다양한 정보를 얻을 수 있는 나라, 전국 어디에 가든 와이파이가 있어서 작은 스마트폰으로도 많은 것을 할 수 있는 나라, 그런 나라는 많지 않습니다. 우리가 사는 이 대한민국은 가능성과 기회로 가득 차 있습니다.

정직과 투자

2006년 투자에 관해 공부하면서 어느 정직한 사업가가 집필한 책을 읽게 되었습니다. 이화여자대학교 앞에서 조그마한 보세 옷가게를 하던 이 사람은 어느 날 세금을 제대로 내야겠다고 결심하고 실행했습니다. 부가세를 붙여야 했기에 판매가가 올라갔습니다. 공급처에서는 자신들의 탈세가 드러날까 봐 세금계산서를 발행할 수 없다며 거래를 끊었습니다(사실 1980년대는 요즘과 비교할 때 꽤 세율이 높았습니다.) 이처럼 많은 어려움이 있었지만 정직하게 세금을 내겠다는 의지를 꺾지 않고 사업을 해나가자 시간이 지나면서 오히려 매출이 급상승했습니다. 특히 그 시절엔 은행에서 대출을 받을 때 뒷돈이 들어가는 것이 관행이었습니다. 정직한 사업가는 이런 관행을 따르지 않았음에도 은행에서 먼저 정직한 회사라는 것을 믿고 대출을 해주었습니다. IMF 당시 부도의 위기에서도 당당하게 위기를 극복한 이 사업가는 지금 엄청난 유통회사의 사장이 되었습니다.

이제 '정직해야 성공한다'는 말을 거의 듣지 못하고 지내는 것 같습니다. 오히려 적당히 속이는 것이 능력, 융통성, 기름칠, 관행 같은 말로 바뀌어 정당화되는 시대입니다. '지나치게 정직해도 성공하지 못한다'는 인식이 팽배한 시대와 사회를 살아가면서 이런 불가능을 실현 시킨 사람들이 있다는 것은 우리에게 희망입니다. 마치 수영 종목에서 박태환 선수가, 피겨스케이팅 종목에서 김연아 선수가 동양인으로서 세계 금메달을 딸 수 있다는 것을 보여줬던 것처럼 말입니다.

그래서 저도 정직하게 부동산투자를 하기로 마음먹었습니다. 2007년에 경매를 비롯해 수많은 부동산 강의를 듣고서 저는 주로 저평가되어 있거나 임대가 잘나갈 것 같은 아파트와 오피스텔에 투자하기 시작했습니다. 당시 다른 투자자들은 대개 빌라 투자에 집중하고 있었습니다. 재개발 바람이 불면서 인천 빌라의 가격이 끝없이 오르고 있던 때였으니까요. 그들은 제게 큰돈이 되지 않는 아파트나 오피스텔에 투자하지 말고, 업·다운 계약서를 이용해서 세금 걱정 없이 시세차익을 노리는 것이 현명한 전략이라고 충고했습니다.

그들은 먼저 인천이나 부천, 의정부의 빌라를 잡으라고 했습니다. 재개발 열풍이 불고 있으니 경매로 1억 원에 낙찰받아서 1억 3,000만 원에 팔고 계약서상에는 1억 500만~1억 1,000만 원을 적는 식으로 다운 계약서를 작성하면 서류상 양도차액이 500만 원에 불과해 세금을 거의 내지 않아도 된다고 했습니다.

급매로 사는 방법도 알려주었습니다. 집이 1채인 매도자는 양도세가 없으므로 매도자에게 실제로 집을 1억 원에 매입한 후 계약서에는 1억 3,000만 원이라고 적는 식으로 업 계약서를 작성한 뒤 다른 이에게 1억 3,000만~1억 3,500만 원에 팔면 양도차액이 0~500만 원에 불과하므로 양도세가 거의 나오지 않는다는 겁니다.

　한번은 어느 온라인 카페를 통해 경매 강의를 들었습니다. 강의가 끝나자 강사는 펀드를 구성한다면서 종이 한 장을 돌리며 투자 가능 금액을 쓰라고 했습니다. 특정 지역 빌라의 매물이 나오는 대로 꾸준히 매수해서 그 지역의 집값을 올린 뒤 1년 후 매도하여 차액을 나누자는 제안이었습니다. 마치 주식 시장에서 작전세력이 특정 주식을 꾸준히 매수하여 가격을 올린 후 매도하는 것과 같은 방법이었습니다. 수강생 30여 명 중 펀드에 투자하지 않은 건 저 뿐이었습니다. 결과만 말하자면, 그들은 성공을 거두었습니다. 100%의 수익을 모두 나누어가졌으니까요. 하지만 이러한 결과는 이례적일 뿐, 투자자를 유치한 뒤 2년이 지나도 원금도 돌려주지 않거나 대표가 투자자들의 투자금을 가지고 도망치는 일도 허다합니다.

　저는 세금을 탈세하거나 인위적으로 가격을 올리는 방식으로 투자할 수 없었습니다. 양심에 가책이 되는 일이었기 때문입니다. 시세차익을 노리는 투자는 제가 하고 싶은 방법도 아니었습니다. 그래서 결국 매입한 부동산을 팔지 않고 현금흐름을 만드는 방식을 택했습니다. 이는 시세차익을 바라지 않는 투자입니다. 그리고 확신하건대, 이것이 더욱 성공하는 방식입니다.

나누는
삶

　　당신은 왜 부자가 되려고 하십니까? 나와 가족이 돈 걱정하지 않고 행복하게 살기 위해서입니까? 대부분이 그럴 겁니다. 그런데 생각해봅시다. 전 세계 70억 명의 인구 중 절반이 굶주리고 있고, 세계 인구 9명 중 1명이 만성적 영양실조에 시달리고 있습니다. 이처럼 하루에 단 1끼조차 먹지 못하는 사람을 두고 내가 부자가 되어야 하는 이유는 무엇일까요? 우리는 생각의 폭을 넓힐 필요가 있습니다. 나와 가족을 뛰어넘어 민족과 나라 그리고 세계 인류로 생각의 폭을 확대시켜나가야 합니다.

　　인생의 결론은 죽음이 아닙니다. 무엇을 목적으로 삼든 결론은 죽는 것이라고 생각해선 안 된다는 말입니다. 돈을 악착같이 모아 노후에 300만 원씩 연금을 받는 것이나, 100세까지 만수무강하며 사는 것, 자손들에게 엄청난 부를 물려주는 것을 목적으로 삼아선 안 됩니다. 인간은 평생 쌀 1,000가마도 먹지 못하고 죽는다고 합니다. 어쩌면 우리는 필요 이상의 부를 원하고 있는지도 모릅니다. 이 세상은 잠시 스쳐지나가는 곳일 뿐인데 말이지요.

　　신은 각 사람에게 중요한 사명을 주셨습니다. 우리가 살고 있는 세상을 더욱 좋은 곳으로 만드는 일, 더 밝고 아름답고 따뜻한 곳으로 만

드는 일입니다. 가까운 사람들에게 따뜻한 격려의 말을 건네며, 배려하고 사랑하세요. 인생은 신이 주신 선물입니다. 그는 우리 모두가 행복하게 살길 원하십니다. 그래서 각 사람에게 젊음과 건강과 재능과 환경을 주셨습니다. 신이 주신 이 자원들을 가지고 이 세상에서 평생 무엇을 이루고 가겠습니까?

춤에 재능이 없다고요? 대신 다른 재능을 주셨습니다. 노래에 재능이 없다고요? 대신 다른 재능을 주셨습니다. 미술에 재능이 없다고요? 대신 다른 재능을 주셨습니다. 운동에 재능이 없다고요? 대신 다른 재능을 주셨습니다. 공부에 재능이 없다고요? 대신 다른 재능을 주셨습니다.

내게 없는 재능 때문에 괴로워하지 마세요. 나에게 없는 것에 집중하지 마세요. 인간이 가진 수많은 능력 중 누구에게나 뛰어난 부분이 있고 부족한 면이 있습니다. 나에게 있는 재능을 가만히 살펴보세요. 여기에 집중해 이를 활용하여 적극적으로 살아가세요.

만약 당신의 경제력이 부족하다면 신은 당신이 이를 극복함으로써 다른 사람에게 희망의 증거가 되길 바라시는 겁니다. 만약 당신이 경제적으로 풍족하다면 당신의 부로 다른 이웃을 도울 수 있는 기회를 주신 겁니다.

컴패션Compassion이란 다른 이를 긍휼히 여기는 마음을 뜻하는 단어입니다. 다른 누군가를 긍휼히 여기는 마음으로 그들을 돕기 위해 부자가 되어야 한다고 생각해보면 어떨까요? 매달 3만 5,000원~4만 5,000원이면 한 아이의 생명을 지키고 나아가 그가 바르게 교육을 받은 성인으로 자라나게 할 수 있습니다. 당신에게 한국 컴패션과 월드비전을 권해드립니다.

대부분의 사람들은 '내가 부자가 되면!' 이라는 조건을 붙입니다. 부자가 된 후는 물론이요, 부자가 되기 전부터 적은 금액으로라도 어려운 이웃을 꾸준히 돕길 바랍니다. 이것이 부자가 되는 가장 큰 비밀입니다.

마치는
글
———

압구정동의 현대 아파트는 1976년에 입주를 시작했습니다. 그로부터 40년이 됐습니다. 처음 분양가는 3,000만 원이었습니다. 전세가를 정확히 확인할 수 없지만 대략 1,000만 원이었다고 가정하면 전세를 끼고 매입할 경우 실제 투자금은 2,000만 원이 됩니다.

2016년 초 현재 압구정 현대 아파트 가격은 40평대가 대략 매매가 17억 원에 전세가 7억 원입니다. 그럼 이 집을 구매해서 팔지 않고 보유만 했어도 40년간 투자금 2,000만 원을 제하면 전세 상승분만으로 6억 8,000만 원을 얻게 됩니다. 전세가가 3,000만 원이 넘는 순간 투자금이 제로가 되므로 수익률은 계산이 되지 않습니다. 무한대이지요.

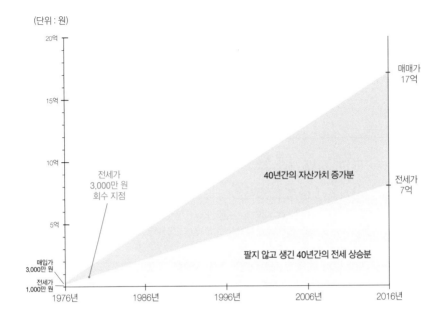

(단위 : 원)

20억
15억
10억
5억

전세가
3,000만 원
회수 지점

40년간의 자산가치 증가분

매매가
17억

전세가
7억

매입가
3,000만 원
전세가
1,000만 원

팔지 않고 생긴 40년간의 전세 상승분

1976년　　　1986년　　　1996년　　　2006년　　　2016년

　결론적으로, 부동산은 시간을 먹고 자랍니다. 시세차익을 바라는 투기를 하지 마십시오. 부동산은 물가상승률을 먹으며 자랍니다. 희망을 잃지 말고 작은 부동산이라도 1~2년마다 1채씩 구입해서 깨끗하게 수리하고 임대를 하세요. 그 부동산이 스스로 자랄 것입니다.

　부동산투자 시 좋은 아파트만 떠올리지 말길 바랍니다. 세상에는 크고 화려한 꽃도 있지만 작고 단아해 보이는 꽃도 충분히 아름답습니다. 항상 수익률을 기반으로 생각해야 합니다. 투자금 대비 수익 창출이 가장 중요합니다. 가능한 한 적은 금액으로 투자할 수 있는 남들이 거들떠보지 않는 물건에 투자하시기 바랍니다. 대중과 반대로 가는 것이 정답일 때도 많습니다.

우리는 한번에 큰돈을 벌고 싶어 합니다. 시류에 편승해 2배 정도의 수익을 얻는 것은 당연하다고 여깁니다. 그러나 세계 최고의 투자가인 워런 버핏의 평균 수익률도 연 25~27% 정도입니다. 그 수익률을 꾸준히 유지했다는 것이 중요하지요. 앞에서 이야기했듯 이러한 수익이 20~30년 누적되면 무시무시한 복리의 효과를 내기 때문입니다. 거기에 매년 투자금이 더해진다면 더블 복리의 효과까지 기대할 수 있습니다.

재테크의 기본은 '절대 잃지 않는 것'입니다. 투자한 상품의 가격이 하락하는 일은 절대로 있어선 안 됩니다. 안전성을 투자의 제 1원칙으로 삼으세요. 그리고 적성에 맞는 직장에서 열심히 일을 하며 아끼고 저축한 돈으로 꾸준히 투자한다면 누구나 부자가 될 수 있다는 사실을 잊지 말길 바랍니다. 현재의 처지만 보고 미래를 예측하거나 결정짓지 마세요. 미래는 희망입니다. 미래를 낙관하는 자에게만 기회가 보입니다. 인류는 항상 위기를 극복해왔습니다. 문제도 많지만 우리는 지금도 그 문제들을 해결해나가고 있습니다.

♠ 탐욕을 주의하라

세상에는 수많은 재테크 전문가가 있습니다. 주식 단타로 수익률 몇십 %, 몇백 %를 냈다는 이야기를 들어본 적 있을 겁니다. 만일 그것이 사실이라면 그 사람은 10년 후 대한민국 최고의 부자가 될 것입니다. 그러나 실상은 그렇지 않지요. 왜 그럴까요? 그들은 자신이 손실을 본 내역은 밝히지 않기 때문입니다. 매년 10배의 수익을 낸다면 10만 원으로 시작해도 5년 후엔 100억 원, 10년 후엔 1,000조입니다. 명백한 거짓말이죠.

고수익을 보장하면서 투자를 권하는 사람이 있다면 먼저 경계하십시오. 만일 그 사람에게 고수익을 낼 만한 아이템이 있다면 다른 사람에게 알릴 이유가 있을까요? 일확천금이라는 것 자체에 함정이 있습니다. 단 한 번의 투자 실패가 여러분의 투자 수익을 10년 전으로 되돌립니다.

부를 갖추게 되면 일정 수준에서 만족하세요. 탐욕은 자신을 망칩니다. 종종 주위를 둘러보면서 이 세상에 돈보다 중요한 것들이 얼마나 많은지 헤아려보면서 어려운 이웃을 긍휼히 생각하는 사람이 되세요.

더 위대해지기를 두려워하지 않길 바랍니다. 더 위대해져서 이제는 나뿐 아니라 남을 돕는 사람이 되었으면 합니다. '나 하나만 잘 먹고 잘살면 되지'라는 마음은 어쩌면 마이너스 기운이 가득한 이기심일 수 있습니다. 부디 이 책을 읽은 이들 한 사람 한 사람이 경제적 자유를 획득하고 더욱 위대한 사람이 되어서, 주변 이웃을 위해 내 물질을 선용하는 선한 이웃이 되길 바랍니다.

모두에게 감사합니다.

풍족한 노후를 위한 대안들

여러분들 중에는 지금 당장 모아둔 종잣돈도 없고 투자할 여력도 없는 데다 그저 내 집 한 채 가진 것이 전부인 사람들이 있을 겁니다. 그런 이들을 위해 '노후를 위해 부동산을 이용하는 방법'을 몇 가지 알려드리고자 합니다.

서울 아파트 팔고 경기도 상가주택에 살기

요즘 동탄 2신도시에는 상가주택이 많이 들어서고 있습니다. 대개 강남과 분당에 살던 이들이 아파트를 팔고 여기에 땅을 사서 상가주택을 짓는 겁니다. 당신이 지금 거주하고 있는 아파트 가격이 10억 원이 넘는다고 해도 여기에서 현금흐름이 발생하지 않는다면 팔지 않는 이상 경제적으로 무슨 도움이 되겠습니까? 그러나 그 아파트를 팔아서 대지 70~80평을 산 후 3~4층짜리 상가주택을 짓는다면 상황은 달랍니다.

4층짜리 상가주택을 지은 이들은 1층은 식당이나 카페 등의 상가로 세를 줍니다. 2~3층은 층당 2채씩 방 2개짜리 집을 짓습니다. 그리고 맨 위층 전체는 주인이 사용합니다. 옥상을 정원으로 꾸미거나 텃밭을 만들 수도 있습니다. 가끔 여기서 바비큐 파티를 즐길 수도 있겠지요.

중요한 것은 주거가 충족되는 것은 물론, 그 상가주택에서 나오는 3~5가구나 상가의 월세를 생활비로 쓸 수 있다는 것입니다.

2015년 말 기준 동탄 1신도시 상가주택의 경우, 1층 상가는 보증금 5,000만 원에 월세 200만 원, 2층 방 2개짜리 주택이 보증금 2,000만 원에 월세 70만 원 정도 됩니다. 결국 3층 상가주택을 지었다면 자신이 거주하면서도 월 340만 원의 월세 수익을 거둘 수 있다는 이야기입니다. 지어진 상가주택은 급매로 8억~9억 원대에도 나옵니다(물론 월세나 매매가는 상가주택의 위치와 규모에 따라서 다를 수 있습니다).

그렇다면 9억 원으로 3층 상가주택을 구입해서 맨 위층까지 세를 놓아서 120만 원의 월세를 받는다고 가정해서 수익률을 한번 분석해볼까요?

월간 현금흐름은 460만 원입니다(200만 원(1층 상가)+140만(2층 2세대)+120만 원(3층 1세대). 1년으로 계산하면 5,520만 원(460만 원×12개월)입니다. 투자금은 총 9억 원이지만 1, 2, 3층의 총 보증금을 약 1억 원으로 잡으면 실제 투자금은 8억 원입니다. 수익률은 얼마인가요? 6.9%(5,520만 원/8억 원)입니다. 은행 금리가 1.9%인 요즘 같은 시기에는 수익률이 4% 이상만 돼도 투자할 만한 투자처인데, 7% 가까이 나오므로 좋은 투자처라고 볼 수 있습니다.

동탄 2신도시의 경우 LH공사에서 내놓은 상가주택용지는 모두 팔린 데다 프리미엄도 상당히 높게 형성되었습니다. 그러나 새로운 상가주택은 꾸준하게 나오고 있으니 기존의 상가주택을 매입하는 것도 좋은 방법입니다.

이러한 방식을 택한다면 서울보다 공기 좋은 곳에서 생활할 수 있습니다. 인근에 지하철이나 광역 급행버스가 있을 경우 서울까지도 쉽게 오갈 수 있습니다. 서울의 집을 포기하면 주거와 평생의 노후가 함께 해결됩니다. 동탄의 경우 향후 지하철 KTX와 GTX가 함께 생겨서 서울과의 접근성이 더욱 좋아질 예정이므로 가치는 더욱 높아지리라 예상합니다.

서울 아파트 세 놓고 외국에서 살기

후진국에서 돈을 벌어 선진국에서 여유롭

게 사는 건 쉬운 일이 아닙니다. 물가 차이가 있기 때문입니다. 예를 들어, 개발도상국에서는 한 달에 200만 원만 벌어도 풍족할 수 있지만 선진국에서는 풍족하게 살려면 한 달에 1,000만 원 이상 벌어야 할 수도 있지요. 그런데 그 반대이면 어떨까요? 선진국에서 돈을 벌어서 그 돈으로 개발도상국에서 산다면 말입니다.

필리핀은 세계적인 휴양지로서 아름답고 따뜻한 나라입니다. 특히 한국 마트나 한인 상가들이 많아 필요한 물품이나 한국 음식 등을 쉽게 구할 수 있으므로 한국인이 살아가기에 괜찮은 나라이죠. 물론 우리나라와 비교하면 인터넷도 느리고 사회 기반시설도 많이 낙후되어 있는 데다 치안 문제나 최근 총기사고로 말이 있었지만, 외국인들이나 부자들이 거주하는 지역은 사설 경비업체가 지키기 때문에 안전합니다. 더욱이 인건비가 저렴하기 때문에 적은 비용으로도 요리사와 운전사를 고용할 수 있습니다. 우리나라와도 비교적 거리가 가까워서 4시간이면 직항으로 이동할 수 있습니다.

만약 노후에 좀 더 여유롭게 살고 싶다면 서울의 아파트에 세를 놓고 그 임대 보증금으로 외국에서 생활하는 것도 방법이 될 수 있습니다. 같은 액수의 돈이라도 후진국에서는 돈의 가치가 올라가므로 우리나라에서보다 여유롭고 풍족하게 생활할 수 있지요. 골프도 저렴한 가격에 즐길 수 있고 전문가에게 무언가를 배울 수도 있습니다.

서울의 강남과 분당을 제외한 대부분의 지역에서는 120만 원 이상의 월세를 받기 쉽지 않습니다만, 지금 보유한 집을 통해 많은 월세를 받을 수 있다면 집을 팔지 않고 세를 놓아서 이를 이용해 물가가 저렴한 나라에서 생활하는 것도 노후를 위한 괜찮은 방법이 될 수 있습니다.

대도시 아파트 세 놓고 지방에서 살기

지방의 소도시 읍, 면, 리의 인구는 지속적으로 줄어들고 있습니다. 이러다가 마을 자체가 없어질 위기입니다. 최근 지방에 내려가 우연히 TV를 보다가 화면 하단에 경상북도 의성군에서 농가주택을 무상으로 제공한다는 자막을 봤습니다. 의성군뿐만 아니라 전국적으로도 이러한 움직임이 일고 있습니다.

귀농, 귀촌, 귀어는 거대한 흐름입니다. 인터넷에서 '귀농'이라는 검색어를 입력하면 '귀농귀촌지원센터', '귀농지원금', '귀농정착금' 등 수많은 자료가 올라옵니다.

만약 필리핀 같은 외국이 싫다면 우리나리 지방에서 사는 것도 좋은 방법입니다. 같은 한국이기 때문에 가족이나 친척과도 쉽게 만날 수 있지요. 또 지방 소도시에서 생활하면 서울이나 대도시에서처럼 많은 생활비가 필요하지 않습니다(물론 도시가스가 연결되어 있지 않아서 겨울철 난방비는 많이 들 수 있습니다).

다만, 귀농을 하더라도 새로운 사업을 하는 것은 반대합니다. 버섯 농장이나 과수원 운영 혹은 채소 농사 등을 생각하는 사람들이 있습니다만, 모든 일에는 노하우가 필요합니다. 우선 노하우를 익힌 후 천천히 생각해도 좋습니다. 그리고 대도시의 아파트에 세를 놓고 왔다면 새로운 일을 벌이기보다 이를 통해 발생하는 월세와 연금 등으로 생활하는 것이 더 좋을 것 같습니다. 서울 등 대도시의 아파트나 주택의 매매가나 월세 가격은 앞으로도 더욱 오를 가능성이 크기 때문입니다.

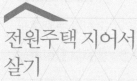

전원주택 지어서 살기

지인이 양평에 어마어마한 전원주택을 지었습니다. 워낙 경제력이 있는 분인데 서울의 집을 팔고 거기에 많은 돈을 보태서 멋진 전원주택을 지은 겁니다. 지열과 태양열을 함께 이용할 수 있는 설비를 갖추고 화려한 조경과 각종 편의시설까지 갖췄습니다. 누가 봐도 부러워할 만하고 인테리어 잡지에서나 볼 수 있을 법한 멋진 집이었지요. 하지만 그곳에서 지내면서 가장 불편한 것은 병원에 가는 일이었습니다. 몸이 불편한 사모님은 남편이 친구들에게 자꾸 집에 놀러오라고 하다 보니 일이 더 많아져 힘들어했습니다. 집을 지으며 건축업자와 뜻이 맞지 않아서 속도 많이 상했고, 지인의 건강도 안 좋아졌습니다. 문제는 다시 서울로 올라오려고 하니 집이 팔리지 않는다는 것이었습니다. 교외에서 생활하며 이렇게 값비싼 주택을 구입할 여력을 갖춘 사람은 많지 않기 때문입니다. 7~8년 전 전원주택 열풍이 전국에 불었을 때 이런 일은 다반사였습니다.

예전에 경매로 나온 전원주택 중에는 마당에 수영장이 있고 각종 편의시설까지 갖춘 것들도 제법 많았습니다. 하지만 집이 1채인 경우 활용도가 떨어지기에 매매가 쉽지 않습니다. 제부도에 가면 큰 펜션 단지가 있는데 제법 넓은 땅에 2층으로 멋있게 지어진 집들이 많습니다. 집이 크기 때문에 하루 숙박비도 만만치 않습니다. 그런데 이 펜션 단지에서 임대가 잘되는 집은 큰 집이 아니라 작은 집입니다. 가족 수가 많지 않은 요즘, 보다 저렴한 임대료를 내는 것이 합리적이라고 생각하는 사람들이 많기 때문입니다.

전원주택을 짓고 싶다면, 1채를 멋지게 짓기보다는 여러 채로 나눠서 짓는 방식을 추천합니다. 방 1개와 작은 주방, 화장실을 갖춘 집을 몇 채 만들어서 멀리서 보면 집 1채처럼 보여도 실제로는 다세대나 다가구 주택인 것이지요. 이렇게 하면 공사비는 약간 더 들겠지만 펜션으로 활용해 이용료를 받을 수 있다는 장점이 있습니다. 본인이 쓰는 공간도 필요에 따라 늘리거나 줄일 수 있으니 주거와 노후 생활비까지 모두 해결할 수 있습니다. 온라인상에 펜션 정보를 올려두고, 전화로 예약이 들어오면 청소 및 약간의 관리만 해도 가능한 방법입니다.

노후를 위해 집을 이용하라

초판 1쇄 발행일 2016년 2월 25일
초판 15쇄 발행일 2022년 7월 8일

지은이 백원기

발행인 윤호권
사업총괄 정유한

디자인 윤석진 **마케팅** 명인수
발행처 ㈜시공사 **주소** 서울시 성동구 상원1길 22, 6-8층(우편번호 04779)
대표전화 02-3486-6877 **팩스(주문)** 02-585-1755
홈페이지 www.sigongsa.com / www.sigongjunior.com

ⓒ 백원기, 2016

ISBN 978-89-527-7580-1 03320

*시공사는 시공간을 넘는 무한한 콘텐츠 세상을 만듭니다.
*시공사는 더 나은 내일을 함께 만들 여러분의 소중한 의견을 기다립니다.
*알키는 ㈜시공사의 브랜드입니다.
*잘못 만들어진 책은 구입하신 곳에서 바꾸어 드립니다.